중세와 화폐

중세와 화폐

초판 1쇄 인쇄일 2011년 5월 16일 **초판 1쇄 발행일** 2011년 5월 20일

지은이 자크 르 고프 | **옮긴이** 안수연
펴낸이 박재환 | **편집** 유은재 이지혜 이정아 | **관리** 조영란
펴낸곳 에코리브르 | **주소** 서울시 마포구 서교동 468-15 3층(121-842) | **전화** 702-2530 | **팩스** 702-2532
이메일 ecolivre@korea.com | **출판등록** 2001년 5월 7일 제10-2147호
종이 세종페이퍼 | **인쇄** 상지사 진주문화사 | **제본** 상지사

ISBN 978-89-6263-051-0 03900

책값은 뒤표지에 있습니다. 잘못된 책은 구입한 곳에서 바꿔드립니다.

중세와 화폐

자크 르 고프 지음 | 안수연 옮김

에코리브르

감사의 글

우선 내가 이 책을 출판하는 데 많은 신세를 진 두 사람에게 감사의 마음을 전한다. 로랑 테이스는 탁월한 역사학자로 내게 주제를 제안하며 사람들이 읽을 책을 써달라고 청했을 뿐만 아니라 끊임없이 나를 응원해주었다. 그리고 참고문헌을 작성하고, 주의 깊게 읽고, 내용을 고쳐가며 책을 더 알차게 만들어주었다. 두 번째로 내 비서이자 친구인 크리스틴 본푸아에게 감사한다. 그녀는 실무에 능한 사람에 그치지 않고 저작을 받아쓰는 동안 진정한 대화 상대가 되어주었으며 빼어난 지성으로 개선해야 할 사항을 지적해주었다.

특별히 협력해준 이 두 사람 외에 도움을 준 동료와 친구들에게 감사드린다. 그들은 무엇보다 내가 다루는 주제에 중요하고 아직 발표하지 않은 연구 원고를 참조할 수 있게 해주었다. 가장 많은 도움을 준 이들은 바로 니콜 베리우, 제롬 바셰, 쥘리앵 드마드이다. 그와 마찬가지로 장 이브 그르니에에게도 고마움을 표한다. 그에게 내 계획을 들려주었더니 여러모로 적절한 지적을 해주었다.

나는 이 책을 쓰면서 초기에 연구한 뒤 발표한 글에서 관심을 가졌던 여러 생각을 구체적으로 펼쳐 보였다. 따라서 이 책은 어떤 의미에서는 내가 한 분야에서 성찰한 작업을 완결한 것이다. 나는 무엇보다 중세인들의 관점과 실행 방법들이 우리 시대와 상당히 달랐기에 그것이 중세를 이해하는 데 중요하다고 생각했다. 나는 진정 또 다른 중세를 다시 만났다.

차례

서문

앞으로 다룰 중세의 화폐[†]는 라틴어로든 각 지방어로든 한 단어로 표현할 수 없다. 오늘날 우리가 이해하는 화폐는 현대성의 산물이다. 그러니 본론에 들어가기 앞서 그런 화폐가 경제적 · 정치적 관점뿐 아니라 심리학과 윤리학 관점에서도 중세의 주역은 아님을 일러둔다. 중세 프랑스어에서 현재의 화폐와 가장 근접한 단어들은 다음과 같다. 모네(monnaie), 드니에(denier), 페퀸(pécune).[††] 오늘날 이 '화폐'라는 용어로 지칭되는 갖가지 현실은 축재의 핵심이 아니다. 일본의 한 중세 연구가는 부자가 중세에 탄생했다(확실한 것은 아니다)고 주장했지만 어쨌거나 이 부자는 주조된 화폐만큼이나 땅과 사람, 권력을 더 많이 소유했다.

화폐에 관련하여 중세는 오래 지속되는 역사상 쇠퇴기에 해당한

† 'argent'(화폐, 돈, 은)이라는 단어는 이 책 전체에 걸쳐 때로는 현재의 의미로 때로는 귀금속인 은이라는 뜻으로 사용된다. 중세에 이 단어는 금속으로 주조된 화폐나 기준 화폐의 가치에 상응하는 의미를 가졌다.

†† 대개 라틴어로 '페쿠니아(pecunia)' 혹은 '데나리(denarii)'.

다. 중세에는 화폐의 중요도와 영향력이 로마 제국 시절보다 낮았고 무엇보다 16세기, 특히 18세기와 비교하면 훨씬 더 그러했다. 16세기, 특히 18세기부터 화폐는 중세보다 훨씬 더 중요해지고 영향력이 커졌다. 중세 사회는 현실성을 갖는 화폐로 인해 점점 더 중요한 의미를 갖게 되었고, 화폐는 그렇게 취하기 시작한 온갖 양상을 현대에 다시 나타냈다. 하지만 상인, 성직자, 신학자를 포함한 중세인들은 오늘날 우리가 아는 이 용어의 의미를 분명히 알지 못했고 각자 달리 생각했다.

우리가 이 책에서 명심해야 할 두 가지 주제는 다음과 같다. 중세의 경제와 생활, 사고방식에서 화폐의 운명은 어떠했는가. 그리고 종교가 지배한 이 사회에서 기독교 교리는 화폐에 대한 기독교인의 태도와 합당한 화폐 사용법을 어떻게 고찰하고 가르쳤는가. 첫 번째 논점에 대해 말하면 화폐는 중세 내내 희소했고 상당히 세분화되고 다양했다. 이러한 세분화는 중세의 경제발전을 가로막은 원인의 하나였던 것 같다. 두 번째 주제에 대해서는, 화폐를 구하려 하고 실제로 사용하는 것이 (중세인들에게 영향을 미치고 그들을 통솔하는) 교회에 의해 점차 정당화·합법화되었다고 말할 수 있다. 그러한 정당화에는 여러 조건이 붙긴 했지만 말이다.

여전히 나는 알베르 리고디에르†의 말대로 오늘날 통상적으로 받아들여지는, 또 이 평론의 연구 대상이 되는 화폐를 정의하기란 실로 어렵다는 점을 고백할 수밖에 없다. "화폐를 정의하려는 사람에게 그런

† A. Rigaudière, *L'Argent au Moyen Age*, colloque de 1997, Publications de la Sorbonne, 1998, p. 327.

정의는 언제나 제 모습을 감춰버린다. 현실인 동시에 허구, 물질인 동시에 기능, 대상인 동시에 정복 수단, 안전하게 보호해주는 가치이자 배제하고 소외시키는 가치, 개인들이 맺는 관계의 동력이자 궁극적인 목적인 화폐는 어떠한 범주에 갇혀 있지도 않을뿐더러 이러한 구성 성분의 하나로 환원될 수도 없을 것이다." 나는 이러한 복합적인 의미를 고려해 독자들에게 매순간 화폐가 어떤 의미를 띠게 되었는지 정확히 밝히려고 노력할 것이다.

중세 화폐의 위상을 연구해보면 적어도 두 시기가 구분된다. 우선 콘스탄티누스에서 아시시의 성 프란체스코에 이르는 첫 번째 중세, 다시 말해 4세기에서 12세기 말경에 이르는 시기이다. 그 시기에 화폐는 퇴보하고 주화는 배후에 숨어 이목을 끌지 못했으며 나중에 서서히 돌아오기 시작한다. 그때 사회계급은 주로 'potentes'와 'humiles', 다시 말해 힘있는 사람과 힘없는 사람으로 나뉘었다. 그다음에는 13세기 초에서 15세기 말에 이르는 시기이다. 이때 짝을 지어 크게 대립되는 사회계층은 'dives'와 'pauper', 부유한 사람들과 가난한 사람들이었다. 실제로 경제 부흥과 비약적인 도시의 성장, 왕권의 약화, 교회의 전도(무엇보다 탁발수도회의 전도)로, 아직 자본주의 문턱을 넘지는 않은 듯한 상황에서 화폐가 비상한다. 한편 자발적으로 가난을 선택하는 삶이 확산되고 예수의 가난이 더 강력하게 부각되기도 한다.

이제 중세 화폐 역사의 두 가지 양상을 전하려 한다. 첫째로 중세에는 여러 실물화폐와 더불어 갖가지 명목(계산)화폐가 존재했다. 이러한 명목화폐 때문에 일부 계층에서 교묘한 회계 기법을 구사하게 되었다. 하지만 중세사회의 실제 경제 행위에서는 그러한 기법이 통용되지 않았다. 1202년 피사 공화국 세관 관리의 아들인 레오나르도 피보나치가 북아프리카 지역의 부기아에서 주판 책인 《산술교본(Liber Abaci)》('abaci'는 고대의 주판식 계산 도구로 10세기에는 아랍의 숫자를 사용하는 계산 도표를 의미했다)을 집필했다. 그는 이 책에서 0(영)을 도입했는데 이는 회계에 매우 중요한 의미가 있다. 이러한 진보는 중세 서구사회에서 중단되지 않으며, 마침내 1494년 루카 파치올리 수사가 《산술 집성(Summa de arithmetica)》을 집필한다. 이 책은 사실상 대수학과 수학 백과사전으로 상인들을 위해 지은 것이다. 그와 동시에 남부 독일의 뉘른베르크에서는 《계산법(Méthode de calcul)》이 나왔다.

다음에는, 화폐 사용이 종교 및 윤리에 관련된 규칙과 연관돼 있었으므로 교회가 돈을 사용하는 사람들을 판단하고 필요할 경우 꾸짖거나 단죄하기 위해 의거한 텍스트를 제시하겠다. 중세 서구사회에서 유용한 글들은 구약보다 오히려 복음서에 있다. 기독교인들만큼 유대인들에게 큰 반향을 일으킨 다음 문장을 제외하고 말이다. 집회서(시락서) 31장 5절에는 이렇게 나와 있다. "돈을 사랑하는 자는 죄에서 거의 벗어나지 못할지니." 유대인들이 본의 아니게 이 견해를 다소 간과한 이유는 무엇인지, 그리고 중세 기독교 교리는 화폐에 대한 비관적인 태도를 버리지 않은 채로 어떻게 그것을 미묘하게 변화시켰는지 살펴볼 것이다. 돈을 단호히 배척하고 경계한 신약의 글들은 다음과 같다. (이 책의 모든 성경 구절은 표준새번역을 기준으로 삼았다—옮긴이)

1) 마태복음 6장 24절: "아무도 두 주인을 섬기지 못한다. 한쪽을 미워하고 다른 쪽을 사랑하거나, 한쪽을 중히 여기고 다른 쪽을 업신여길 것

이다. 너희는 하나님과 재물(마몬, Mammon)을 함께 섬길 수 없다." (마몬은 늦게 형성되는 유대교 교리에서 부당한 부, 특히 공정하지 못한 화폐 형태의 부를 가리킨다.)

2) 마태복음 19장 23~24절: "예수께서 제자들에게 말씀하시기를 내가 진정으로 너희에게 말한다. 부자는 하늘 나라에 들어가기가 어렵다. 내가 다시 너희에게 말한다. 부자가 하나님의 나라에 들어가는 것보다 낙타가 바늘귀로 지나가는 것이 더 쉽다." 이런 글들을 마가복음(10장 23~25절)과 누가복음(18장 24~25절)에서도 찾을 수 있다.

3) 누가복음 한 대목(12장 13~22절)은 축재를 비난하며, 특히 12장 15절에는 이렇게 나와 있다. "재산이 차고 넘치더라도 사람의 생명은 거기에 달려 있지 않다." 나아가 누가복음 12장 33절에서 예수는 부자들에게 "너희는 너희 소유를 팔아서, 자선을 베풀어라"고 말한다. 끝으로 누가복음 16장 19~31절에는 중세에 끊임없이 언급되는 나쁜 부자와 가난한 라자로의 이야기가 실려 있다. 나쁜 부자는 지옥에 가는 반면 가난한 라자로는 천국에서 접대받는다.

이 글들이 중세에 어떤 반향을 일으켰을지 감지된다. 여기에는 비록 새로운 해석들로 엄정함이 약화돼 있기는 하지만, 경제와 종교에 관련된 화폐 사용의 핵심 맥락이 표현되어 있다. 중죄인 탐욕의 단죄, 자선(선행) 예찬, 그리고 남녀 불문하고 중세인들에게 중요했던 구원의 관점에서 가난한 자들을 찬미하고 가난을 예수가 구현한 이상으로 제시한 것이다.

이제 나는 도상학에 관련된 몇 가지 증거로 중세 화폐의 역사를 설명하려 한다. 중세의 여러 도상에는 대개 상징적인 방식으로 돈이 나타났다. 그러한 도판은 항상 경멸의 뜻을 담아 보는 이에게 강렬한 인상을 주면서 돈을 두려워하게 만들려는 경향이 있었다. 첫 번째 도판은 특별히 강렬한 인상을 주는 예수 이야기에 관한 삽화로, 30드니에를 받는 유다의 모습을 표현한 것이다. 그는 30드니에를 받고 제 주인을 십자가에 못 박아 죽이려는 자들에게 팔았다. 예를 들어 많은 도판이 있는 12세기의 유명한 원고 《유원지(Hortus deliciarum)》의 한 쪽에는 배신의 대가로 돈을 받는 유다의 모습이 보이며 다음과 같은 주석이 달려 있다. "유다는 고리대금업자를 구현하는 최악의 상인으로, 예수는 재물에 희망을 두고 돈이 승리하고 통치하고 지배하기를 원하는 장사꾼들을 신전에서 내쫓았다. 이는 지상에 있는 그리스도의 왕국을 기리는 일종의 찬사이다."

중세 도상학 차원에서 화폐를 상징하는 대표적인 형상은 지옥으로 가는 부자의 목에 걸린 돈주머니이다. 돈이 가득한 이 치명적인 돈주머니는 눈에 잘 띄는 각종 조각, 교회의 합각머리 삼각면과 기둥머리에 표현되어 있다. 단테의 《신곡》 지옥편에서도 그러한 돈주머니를 볼 수 있다.

그리하여 훨씬 더 멀리 일곱 번째 원의 가장자리까지
오롯이 혼자서
나는 비탄에 잠긴 영혼들이 머물러 있는 곳으로 갔다.
그들에게 고통스러운 불길이 떨어지는 가운데
몇 사람의 얼굴에 시선을 고정했지만

아무도 알아보지 못했다. 하지만 그들은 모두
목에 돈주머니가 걸려 있다는 것을 깨달았다.
색채가 선명했고 각기 다른 문장(紋章)이 확연히 눈에 띄었다. 그 와중에도
그들의 눈은 그 주머니에 골몰해 있는 것 같았다.
그들 사이로 나아가며 지켜보다가
쪽빛 바탕에 사자의 얼굴과 거동이 드러나 있는
노란 주머니가 내 눈에 들어왔다.
그러고 나서 계속 내 시선이 닿는 곳으로 눈길을 돌렸더니
피처럼 붉은 다른 주머니도 보였는데
버터보다 더 흰 거위가 새겨져 있었다.
그리고 푸른빛을 띠는 데다 새끼를 가져 살이 오른 암퇘지 형상을 새긴
하얀 주머니를 지닌 자가 내게 말했다.
"자네 말이야, 이 구덩이에서 무얼 하고 있나?
당장 가라! 아직 살아 있으니
내 이웃인 비탈리아노가 여기
내 왼편에 앉게 되리라는 것을 알아두게
이 피렌체 사람들 가운데 나는 파도바 사람이오.
저들은 종종 내 귀를 멀게 할 정도로 이렇게 소리친다네. 주둥이 셋 달린 주머니를 가져올
지고하신 기사여 오시게나!"
그러면서 그는 자기 혀로 코를 핥는 황소처럼
입을 비틀고 혓바닥을 밖으로 내밀었다.
내가 더 오래 남아 있었다면 지체하지 말라고 내게

충고해주신 그분을 몹시 슬프게 할까 두려워
나는 지쳐빠진 그 영혼들을 떠나 되돌아갔다.†

† 이 글은 17곡 43~78행에 있다. 나는 《돈주머니와 생명, 중세의 경제와 종교(La Bourse et la Vie, économie et religion au Moyen Age)》(Paris, Hachette, 1986, p. 104~105)에 이 글을 인용했으며 그때 내가 이용한 판본은 《신곡(La Divine Comédie)》(I. Espinasse-Mongenet 〔trans.〕, Librairies associés, Paris, 1965)이었다. 오늘날에는 특히 자클린 비세(Jacqueline Bisset)의 대역판 《신곡의 지옥(L'Enfer de la Divine Comédie)》(Paris, Flammarion, 1985)을 선호하는 듯하다.

01

로마 제국의 유산과 기독교회의 유산

로마 제국은 기독교 교리에 제한되긴 했지만 중요한 화폐 사용법을 물려주었다. 그러한 관습은 4~7세기에 점차 약화된다. 벨기에의 위대한 역사학자 앙리 피렌(1862~1935)은 유명하지만 이론의 여지가 있는 한 논문에서 7세기에 이슬람이 북아프리카에 이어 에스파냐를 정복함으로써 지중해 무역 그리고 서구사회와 동방세계의 경제 교류가 끊겼다고 주장했다. 그와 반대로 이슬람의 정복으로 서구사회의 무역이 부흥했다고 생각한 모리스 롱바르(1964년 사망)가 발표한 논문의 극단성을 지지하지는 않지만, 서구사회와 동방세계, 비잔틴과 동방 이슬람 세계 간에 교역이 완전히 중단된 적은 한번도 없었음을 인정해야 한다. 기독교 사회가 되고 야만스러워진 서구사회는 동방세계에 계속해서 각종 원자재(나무, 철, 노예)를 넘겨주었고 그 대가로 금화를 받았다. 사실상 동방세계와 대규모 거래를 함으로써 서구사회에 금이 비잔틴 화폐(노미스마, 서구에서는 '베잔트'라고 함)와 이슬람 화폐(디나르 금화와 디르함 은화) 형태로 어느 정도 유통된 것이다. 이러한 화폐들은 제한된 방식으로 서구사회의 통치자들(서구사회에서 로마 제국 말기까지의 황제들, 기독교를 믿는 왕이나 대지주가 된 '야만족의' 수장들)을 부유하게 해주었다.

도시와 대규모 무역이 쇠퇴함으로써 서구사회는 분할되어 특히 대영지(villae) 소유자들과 교회가 권력을 행사했다. 하지만 새로운 권력층의 부의 기반은 주로 땅과 농노, 독립성이 줄어든 농민들이었다. 이 농민들의 의무에는 무엇보다 부역 의무와 각종 부과조가 포함되어 있었다. 농민들은 새로운 권력층에 농산물을 바쳐야 했으며 일부 부과세는 현금으로 내야 했다. 그들은 조금 발달한 현지의 시장을 통해 납부금을 마련했다. 교회, 특히 수도원들은 일부를 현금으로 받는 십일조와 교회 영지의 개발로 얻은 화폐를 대부분 유통시키지 않고 쌓아두었다. 주화와 거기에 들어 있는 귀금속, 금괴와 은괴는 금은 세공품으로 변형되었는데, 교회와 수도원의 수장고에 들어 있는 금은 세공품은 일종의 통화 보유고가 되었다. 화폐가 필요할 경우 이런 물품들을 주조하여 화폐를 만들었다. 더군다나 이런 관행이 이후 교회를 넘어 대영주와 심지어 왕에게 확대됨으로써 주화가 필요한 중세인들은 곤란을 겪었다. 마르크 블로크가 잘 지적했듯이, 이러한 관행 때문에 중세 초기의 서구사회에서 금은 세공사의 작업과 그가 제작하는 물품의 아름다움에 가치를 부여하지 않았다는 사실을 주목하자. 따라서 부의 수단이자 권력의 수단이었던 화폐의 부족은 중세 초기의 특징이자 약점이다. 마르크 블로크는 주목할 만한 저서《유럽의 화폐 역사 개요(Esquisse d'une histoire monétaire

de l'Europe)》(그가 죽은 지 10년이 지난 1954년에 출간)에서 화폐에 관련된 놀라운 일들이 경제생활을 지배했다고 강조했다. 그러한 일들은 경제생활의 전조이자 결과가 되었다.

이 시기에 화폐의 제작과 사용은 상당히 세분화되었다. 우리는—그게 가능하다고 가정한다면—아직 모든 화폐 주조소를 상세히 연구한 논문을 찾지 못한 실정이다.

중세 초기에는 화폐, 다시 말해 주화를 사용하는 사람들의 수가 점점 더 줄어들었다. 사람들은 화폐에 관련된 로마 사람들의 관습을 유지하다가 이어 모방하기 시작했다. 황제의 초상이 새겨진 화폐가 주조되었고, 솔리두스 금화가 교역의 주축 통화가 되었다. 하지만 생산과 소비, 무역의 감소에 적응하기 위해 곧 트리엔스 금화, 그러니까 솔리두스 금화 가치의 3분의 1에 해당하는 금화가 주요 통화가 되었다. 감소하긴 했지만 고대 로마 화폐가 이렇게 지속적으로 사용된 이유는 여러 가지로 설명할 수 있다. '야만족'으로 보인 이방인들은 로마 사회로 들어와 기독교 국가의 구성원이 되기 전에 (갈리아족을 제외하고는) 화폐를 주조하지 않았다. 그러한 화폐는 로마 제국에서 탄생한 모든 영토에서 유통되었기 때문에 일정 기간 단일성을 보존하는 진귀한 수단 가운데 하나가 되었다.

끝으로 경제가 힘을 잃어감으로써 화폐 제조로 이어질 만한 자극이 생기지 못했다. 점차 로마 황제들의 권력을 장악한 야만족의 수장들은 5세기부터—시기는 민족 및 신생국가들에 따라 다르다—황제의 화폐 주조 독점에 종지부를 찍었다. 서고트족의 경우 감히 처음으로 자신의 법적 권리와 초상을 앞면에 드러낸 트리엔스를 발행한 이는 바로 레오비질도(573~586)였다. 이 화폐는 8세기 초에 아랍이 에스파냐를 정복할 때까지 계속 주조되었다. 이탈리아에서는 테오도리쿠스와 그의 뒤를 이은 동고트족의 황제들이 로마의 전통을 유지했고, 롬바르디아 사람들은 콘스탄티누스의 모델에서 벗어나 로타리스(636~652)에 이어 리우트프란트(712~744)에서부터 비로소 자기네 왕의 이름으로 무게가 줄어든 솔리두스 금화 형태로 화폐를 주조했다. 대영제국에서는 5세기 중반경 화폐 주조가 중단된 이후 6세기 말과 7세기 초에야 앵글로색슨족이 켄트에서 로마 화폐를 복제한 금화를 내놓았다. 7세기 중반경 금화는 은화인 스킷타스(sceattas)로 대체되었다. 7세기 말부터 브르타뉴에 있던 소왕국 왕들은 왕의 주조 독점권을 회복하려 노력했다. 구체적인 상황은 노섬브리아, 머시아, 웨식스에서 각기 달랐다. 오파 왕(796~799)의 시대에 머시아에서 출현한 새로운 유형의 화폐를 주목할 수밖에 없다. 이 화폐의 이름에는 전도유망한 미래가 약속돼 있었으니 바로 페니였다.

갈리아에서는 클로비스의 자손들이 여전히 발행되던 구리 동전에 자신들의 이름을 기입했다. 그들 가운데 한 명으로, 511~534년에 아우스트라시아의 왕으로 재위한 테우데리히 1세가 자기 이름이 들어간 은화를 주조하게 했다. 그렇지만 왕의 화폐 독점은 금화 주조와 결부되어 있다. 마르크 블로크가 강조했듯이, 이러한 대담성을 과시한 첫 프랑크 왕은 바로 테우데리히의 아들인 테우데베르트 1세(534~548)였다. 하지만 갈리아에서—다른 왕국들에서 그랬던 것만큼이나, 또는 그보다 머지않아—왕의 독점은 사라졌다. 6세기 말부터 7세기 초 주화에는 왕의 이름 대신 허가받은 화폐 제작자의 이름이 실렸으며 이들의 수는 점점 더 늘어났다. 화폐 제작자는 궁의 관리들, 도시의 금은 세공사들, 주교,

대영지의 소유자들이었다. 심지어 떠돌아다니는 자들도 있었고 갈리아에서는 트리엔스를 주조하는 화폐 제작자의 수가 1400명이 넘었던 것으로 추산된다. 화폐 주조에 이용된 금속은 로마 제국의 경우와 마찬가지로 세 종류가 있었다. 청동이나 구리, 은, 그리고 금이다. 이러한 다양한 금속을 사용한, 화폐 주조에 관한 지도와 연대기는 제대로 작성되지 않았고 마르크 블로크는 그 이유를 파악하기 어렵다고 말했다. 새로운 여러 국가—오직 영국에서만 구리와 청동이 상당히 많이 유통되었다—에서는 우선 금이 많이 이용되었는데 이런 경향은 나중에 뚜렷이 감소했다. 더군다나 금, 아니 더 정확히 말해 솔리두스 금화는 프랑크족의 일파인 살리족의 경우를 제외하고 널리 명목화폐 역할을 했다. 끝으로, 마르크 블로크에 따르면 실제로 로마 제국 치하에서 주조된 한 은화는 소위 '야만의' 중세 초기에 명목화폐로 널리 이용되었고 역시나 밝은 미래가 약속되었다. 그것이 바로 데나리우스, 즉 드니에였다.

02

샤를마뉴 대제 시대에서 봉건시대까지

다양한 화폐와 금과 은의 가치 비율이 변동함으로써 중세 초기에 화폐 사용이 상당히 복잡해졌다. 샤를마뉴 대제는 이러한 사태에 종지부를 찍었고 제국의 통화 환경을 정돈했다. 그는 아버지 피핀이 왕위에 있었던 755년부터 개혁을 시작했다. 마르크 블로크에 따르면 개혁의 세 가지 주요 원칙은 다음과 같다. 공권력이 화폐를 다시 주조한다, 이제 실물화폐가 된 드니에와 수(sou) 간에 새로운 등가 체제를 만든다, 끝으로 금화 주조를 중단한다. 금과 은 양본위제에 이어 은본위제 시대가 열린 것이다.

중세 초기의 문학에서 '부자들' 이야기가 나오는 경우는 드물었다. 이 단어는 돈 많은 사람들보다는 힘있는 사람들을 지칭하는 것이다. 중세에 가장 유명하고 가장 널리 인용되는 글 가운데 하나는 세비야의 이

시도르(570년경~636년)가 쓴 글로 그는 유명한 《어원 연구(Etymologies)》에서 돈에 대한 사랑을 가장 무거운 중죄로 꼽았고, 부자들은 지옥에 갈 운명이라고 규정했으며, 부자와 가난한 라자로의 우화를 상기시켰다. 하지만 부와 부자들을 단호히 단죄하지는 않았다. 부는 신이 창조한 것이기에 만일 부자들이 공공선과 조건 없이 남에게 베푸는 일에 재산을 바친다면 그들은 변호를 받았다. 하지만 세비야의 이시도르 글에 나오는 'dives'는 돈을 많이 가진 사람이라기보다 힘있는 사람을 의미한다. 중세 초기는 아직 화폐의 시대에 들어가지 않은 것이다.

권력과 화폐의 유리(遊離)를 보여주는 또 다른 증거는 8세기 말의 카탈루냐에 살았던 가난한 동시에 부유했던 남자이다. '가난하다'는 것은 그가 자유롭지 않다는 사실을 의미하는데, 실제로 그는 왕에게 종속된 사람이었다. 하지만 왕은 용감하게 이슬람과 싸운 그를 치하하며 새로 개간된 땅을 증여했다. 그래서 그 사람은 여전히 '가난하긴' 하지만 부자가 되었다.†

실물화폐는 11세기부터 널리 퍼져나갔다. 때로 사람들은 실물화폐가 확산되기 이전의 경제를 특징짓기 위해 '실물 경제'와 '화폐 경제'를 대립시키기도 했다. 이러한 표현은 현실에 부합하지 않는다. 단지 아주 오래전에 사람들은 자급자족하며 살거나, 아니면 각종 물품이며 사람들, 용역을 끌어들이는 교역에 몰두한 것으로 보인다. 중세 초기부터 화폐는 심지어 소량으로나마 농민 계층에서도 유통되었다. 역사학자들은

† Jose E. Ruiz Domenec, "Un 'pauper' rico en la Cataluna carolingia a fines del siglo VIII", *Boletin de la Real Academia de Buenas Letras de Barcelona*, XXXVI, 1975~1976, p. 5~14.

《성 필리베르의 기적서》에 기록된 한 농부 이야기를 읽고 대단히 놀랐다. 그가 840년경 생 필리베르 드 그랑 리외의 장이 열렸을 때 술집에서 0.5드니에의 포도주를 마셨던 것이다. 카롤링거 왕조에서 봉건시대에 이르기까지 서서히 화폐가 사용되었는데 이는 다양한 징후로 알아볼 수 있다. 우선 화폐 제조에 사용된 금속 광산이 더 활발하게 발견되거나 개발되었다.

화폐를 제조하는 데 쓰인 금속이라 하면 샤를마뉴 대제 시절 이래로 대개 은을 함유한 금속, 이를테면 납에서 추출된 은을 일컫는다. 카롤링거 왕조 시대에 가장 큰 은광인 푸아티에의 멜 광산을 집약적으로 개발함으로써 은의 공급이 늘어났다. 9세기에 노르만족의 침략이 중단되면서 화폐 주조가 증가하기도 했다. 노르만족은 세공품이 들어 있는 교회 수장고를 약탈했는데 화폐가 필요한 경우 주로 그러한 은 세공품을 녹여 조달했다. 이러한 천연 금속으로 실물화폐를 주조하는 것은 꽤 조야한 방법이지만 효과가 있었다. 고대의 융해 방법은 폐기되고 다른 기법이 개발되었다. 그러니까 세공하지 않은 은을 주조해 주화를 얻는 것이다.† 카롤링거 왕조 시대 말엽에 서구사회에서 이용되었고 그때까지 서로마의 온스에 기초했던 화폐의 중량 단위는 이제 새로운 이름을 받았다. 이 단위에는 국가나 지역의 숱한 다양성이 녹아들어 있는데 그것이 바로 마르(예전에 귀금속의 무게를 재는 단위였으며 이 무게의 동전을 의미

† Etienne Fournial, *Histoire monétaire de l'Occident médiéval*, Paris, 1979, p. 9~12. 그리고 최근에 나온 Marie-Christine Bailly-Maître, *L'Argent. Du minerai au pouvoir dans la France médiévale* (Paris, Ed. Picard, 2002, 삽화가 들어 있는 작품)에 실물화폐의 제조 과정을 완전하고 분명하게 묘사한 대목이 나와 있다.

한다—옮긴이)였다. 예를 들어 중세 프랑스의 영토에서는 네 가지 마르 화가 주조되었지만 가장 많이 사용된 것은 트루아의 마르로, 동전 무게는 244.25그램이었다. 프랑스 왕실의 모든 화폐 주조소에서 사용된 이 마르는 왕의 마르 혹은 파리의 마르로 불리기도 했다.

하지만 봉건제가 출현하고 무엇보다 마르크 블로크가 말한 제2기 봉건시대로 나아감으로써 서구 기독교 사회는 사실상 화폐가 확산되는 태동기에 접어들었다. 하지만 카롤링거 제국이 정치적으로나 사회적으로나 쇠퇴했기 때문에 주조 작업이며 주조 작업으로 얻는 수익이 세분화되는 결과를 낳았다. 샤를마뉴 대제의 개혁 조치로 결국 중세 초기의 여러 화폐는 사라졌지만 황제가 화폐 주조를 독점한 기간은 짧았다. 9세기부터 백작들이 황제의 독점권을 찬탈했으며 백작이 활개친 중세에는 여기저기서 거침없이 화폐를 주조했다. 그렇게 화폐 주조자들이 분산된 상황은 봉건제의 맹렬한 기세와 연관돼 있었다.

10세기 초 이전에 유럽의 기독교 사회에서 화폐는 오로지 라인 강 서쪽에서 그리고 이탈리아에서 발행되었다. 오토 1세(936~973)는 확장된 제국 동부 여러 곳에 화폐 주조소를 세웠다. 덴마크의 화폐 주조소는 헤데비에 있었다. 화폐는 960~965년 이래 보헤미아에서 주조되었으며 10세기 말 이전에 러시아의 키예프에서도 주조되었다. 10세기 말에 스칸디나비아 국가들(덴마크, 노르웨이, 스웨덴)에서 공식 화폐가 제조되었고, 11세기 들어 헝가리의 화폐가 나타났다. 슬라브권에서는 화폐가 확대되었지만, 폴란드의 경우 미에슈코 1세와 용감왕 볼레스와프 치세에 통화량은 많지 않았다. 이러한 화폐 대부분은 작센, 바바리아, 보헤미아, 앵글

로색슨의 동전을 모방한 것들이었다.

1020년경 스웨덴, 노르웨이, 러시아의 키예프, 폴란드에서 화폐 주조가 중단되었다. 이전에는 주로 정치적인 동기에 따라, 그리고 위세를 과시하기 위한 방편으로 화폐를 주조했다. 그런데 지방에서 생산되는 귀금속이 없고 무역이 성행하지 않아 화폐 주조가 중단된 것으로 보인다. 그와 반대로 작센, 바이에른, 보헤미아, 헝가리에서는 화폐 주조가 끊임없이 확대되었다.†

11세기 초의 글로 영불 해협과 북해 근처에서 대규모 무역이 발전했음을 알 수 있다. 두 수도사의 작품으로 우리는 부유해진 그 지역들에 대해 교회가 보인 반응을 알 수 있다. 수도사 앨프릭은 영불 해협 가장자리에 있는 도싯 지역의 커넬 수도원에서 수련 수도사들을 지도했던 인물로 1003년경 대화집인 《콜로키움(Colloquium)》을 지었으며 우트레흐트 수도사였던 알페르트는 1021～1024년 《시간의 다양성(De Diversitate temporum)》을 썼다. 이 책에서 그는 티엘의 상인들에게 관심을 보였다. 알페르트는 수많은 악덕, 특히 담보물 보유를 비난하며 상당히 격렬하게 상인들을 단죄했다. 일부 채무자들은 그 상인들에게 담보물을 제공하기도 했다. 그와 반대로 앨프릭은 처음으로 상인의 활동을 정당화하는 언급을 했다. "왕에게, 수장에게, 부자들에게 그리고 민중 전체에 유용하다"고 말한 것이다. 그는 상인이 배에 싣고 간 물건들을 해외의 여러 지방에 팔고 심지어 해난의 위험을 무릅쓰면서 기독교 사회에서 찾

† Stanislaw Suchodolski, "Les débuts du monnayage en Pologne", *Revue suisse de numismatique*, vol. 51, 1972, p. 131～135.

을 수 없는 귀중한 물품들을 가지고 돌아온다는 점을 강조했다. 특히 자줏빛 옷감과 비단, 보석, 금, 향신료, 기름, 상아, 유황, 유리 등을 말이다. 누군가 상인에게 자신의 상품들을 구매한 가격에 파는지 물어보자 그는 이렇게 대답한다. "난 그렇게 하고 싶지 않소. 그런 경우에 말이오, 내가 내 일에서 어떤 이득을 얻어내겠소? 나는 내가 그 상품들을 산 가격보다 더 비싸게 팔길 원하오. 그래야 어느 정도 수익을 내서 나와 내 아내, 내 자식들을 먹여 살릴 수 있소이다." 그리하여 돈을 버는 자의 이익과 이권을 정당화해주는 것들이 무엇인지 알 수 있다. 노동에 대한 보수, 위험에 대한 보상, 토지를 경작하지 않는 이의 경우 자신의 생계를 보장해야 할 필요성이다.†

1050년경 '부자'라는 용어는 로망어에서 'dives'를 대신해 나타났지만 거기에는 '힘있는 사람'이라는 의미가 들어 있었다. 따라서 나는 히로노리 미야마추가 11세기 말에 현대적인 의미의 부자가 막 탄생했다고 말했을 때 그건 과장이라고 생각한다. 그렇지만 11세기 말에 점점 더 빨리 화폐를 사용하게 한 사건, 그러니까 십자군 원정이 시작되었다. 사실 가혹한 환경에서의 기나긴 여정을 예감하고 어떤 전리품을 챙길지도 알 수 없었던 십자군 병사들은 무게가 적게 나가면서도 가치는 높은 현금을 찾아내는 데 전념했고, 가능한 한 드니에를 손에 넣으려 했다.

† Stéphane Lebecq, "Aelfric et Alpert. Existe-il un discours clérical sur les marchands dans l'Europe du Nord à l'aube du XIe siècle?," *Cahiers de civilisation médiévale*, XXVIe année, n° 1-2, 1~6월, 1984, p. 85~93.

03
12~13세기의 전환기에 비상하는 주화와 화폐

많은 점에서 중세사회의 특기할 사항은 화폐와 관련해 여러 변화가 나타났다는 점이다. 그러한 변화는 근본적인 몇몇 사건들에 연계되어 있다. 그러니까 이동하던 상인들의 정주, 도시의 비약적인 성장(도시는 대대적으로 돈을 만들고 소비하는 곳이었다), 금화로의 회귀, 수익의 확대 그리고 어느 정도의 한계와 조건 내에서 처음으로 수익의 확대를 정당화하려 했던 사례들, 고리대금과 고리대금업자들을 단호히 비난하다가 수익과 이자, 그들이 쌓아올리는 부에 어느 정도 면죄부를 준 것, 주화의 보급과 관련 법규, 특히 군주의 권력을 비롯한 공권력 강화에 기인한 규제, 노동에 대한 이미지 제고와 교육의 발전, 법 적용의 확대 등이다. 역설적으로 이렇게 부자들이 늘고 화폐의 축적과 사용에 더 많은 면죄부를 준 상황은, 빈곤을 찬양하고 빈자에 대한 자선 행위가 증가하고 가난한 자들의 이미지를 예수의 이미지와 결합하는 시대 흐름과 공존하거나 더욱더 확대되었다. 13세기 초는 크레모나의 한 부유한 상인을 성 호모보누스로 성인품에 올린 시대(1204)이자 아시시의 성 프란체스코가 가난을 예찬한 시대라고 말할 수 있다.

상업의 발전

상업은 얼마간 여러 차례의 십자군 원정(이는 기독교 사회에 큰 수익을 가져다주지 못했다)의 영향으로, 소규모 지역 시장을 넘어 대규모 정기 시장의 개설과 국제적인 활동으로 발전했다. 12세기와 13세기에 가장 유명할 뿐만 아니라 중요한 사례는 샹파뉴 지역에서 여러 차례 선 정기 시장이다. 이런 장은 한 해 내내 라니, 바르쉬르오브, 프로뱅, 트루아에서 열렸다. 그러니까 1~2월에는 라니에서, 3~4월에는 바르에서, 5~6월에는 프로뱅에서(가장 인기를 끌었던 것은 5월 장이었다), 7~8월에는 트루아에서(대목은 생장에서 열린 장), 9~11월에는 프로뱅에서(가장 중요한 시기는 생타이울 장이 섰던 때), 11~12월에는 다시 한번 트루아에서(대목은 생레미 장) 열린 것이다. 이런 장이 들어선 샹파뉴 지역의 백작들은 거래의 적법성과 공정성을 감독하고 상업 및 금융 거래를 보증해주었다. 또 특별 관리들을 임명했다. 즉 장을 담당하는 관리인데, 공직이긴 하지만 대개 부르주아들이 맡았다. 하지만 1284년 샹파뉴를 다스린 프랑스의 왕들은 그 자리에 왕실 관리를 임명했다. 금융 거래를 감독하고, 환전의 공정성을 확인함으로써 이러한 장에 '청산결제소(clearing-house) 역할'을 부여했다. 이로써 계약을 맺고 부채를 청산하는 관습이 퍼지고, 환전 거래가 더 중요

해졌다. 이는 중세사회의 경제 및 사회 생활에서 장(특히 샹파뉴 지역의 장)이 수행하는 역할을 확대했다. 그러한 장은 우선 상인 계층이 부를 축적하는 원천이 되긴 했지만 화폐를 다루는 데 상당히 중요한 추동력을 제공했다.

도시의 비약적인 성장

통화 확대의 또 다른 원인은 도시의 비약적인 성장이었다. 물론 시골에서 화폐가 사용되지 않은 것은 아니었다. 소위 봉건경제의 틀 내에서 점점 더 영주들은 농민에게 부과조로 각종 산물이나 부역이 아니라 현금을 바치게 했다. 부과조 가운데 납부금이 차지하는 몫은 계속 증가했다.

따라서 전원 경제 틀에서의 '실물 경제'를 운위하는 것이 적절치 않다면, 도시의 틀에서는 훨씬 더 그렇다. 원자재 구매와 물품 판매를 촉진하는 수공업이 발전하고, 임금 노동자에 대한 의존도가 점점 더 커짐으로써 (브로니슬로브 게레멕이 13세기 초부터 파리를 예로 들어 잘 보여주었듯이) 도시에서 화폐를 더 많이 사용하게 되었다. 도시민의 생활수준이 향상됨으로써 사회계급이 분화되어 부유한 부르주아와 가난한 시민으로 나뉘었다. 수차례의 십자군 원정으로도 동방세계와의 무역은 별로 촉진되진 않았지만, 원정에 적지 않은 자금을 댄 영주의 중요성은 약화된 반면 부르주아는 더 부유해졌다. 한 에피날 판화는 신에게 무상 노동을 바침으로써 중세 성당이 완공되었다고 우겼는데, 대대적으로 성당(특히 고딕 성당)을 건립하던 시기(12~13세기)에는 교회와 도시가 막대한 비용을 충당해야 했다. 이로써 로베르트 S. 로페스가 유명한 논문에서 진술한 주장 "이것이 저것을 고사시켰다"에 부합하진 않아도 도시가 훨씬 더 부유해지지 못한 것은 사실이다. 나는 뒷부분에서 이 내용을 보여줄 것이다. 로페스는 성당이 화폐 경제의 확장을 저지했을 거라고 보았다. 성당 건립 외에 수많은 석조 교회와 요새의 건립을 추가해야 한다. 반면 도시의 가옥은 거의 목재로 지어졌다. 그러한 건설 작업은 로페스의 생각과는 달리, 화폐경제를 고갈시키기는커녕 촉진했다. 도시의 시장은 점점 더 활기를 띠었고 시장 업무는 일상 활동으로 변해 화폐를 사용하는 거래 장소로 넓은 시장을 지어야 했다. 오늘날에도 여전히 강렬한 인상을 주는 시장 말이다. 필리프 오귀스트 치하(1180~1223)의 파리에서 성벽 건축과 시장 건설 등을 통해 화폐의 비약적인 성장을 확인할 수 있다.

도시가 자치권을 획득함으로써 제후에게 바치는 각종 부과조의 부담이 사라졌다. 사실 그러한 부담은 경제발전과 화폐의 확산을 가로막았다. 화폐는 창설되는 각종 조합에서 접착제 역할을 했다. 도시에서는 길드, 번성한 도시와 상인들 사이에서는 상인 조합이 창설되었다. 그리하여 기독교 사회의 일부 지역에서는 도시와 상업이 발전했으며, 해당 지역은 성장이 더디고 화폐 유통이 활발하지 않던 지역들과 달리 더 많은 부와 힘을 얻었고 외양도 화려해졌다.

그렇게 해서 두 지역이 두각을 나타냈다. 첫 번째는 유럽 북동부, 플랑드르에서 발트 해 연안에 이르는 지역이다. 이 지역 도시들은 우선 나사류의 모직물 판매로 부유해졌으며 수공업으로—그리고 거의 직물산업 방식으로—다양한 모직물을 더 많이 생산했다. 그러한 도시가 일종의 대규모 조직망을 형성했으며, 이러한 망은 화폐가 대대적으로 유통되는 경로이기도 했다. 가장 부유했던 곳만을 들자면 아라스, 이프르, 겐트,

가장 힘이 셌던 브뤼헤, 함부르크, 1158년에 세워진 뤼베크, 1201년에 세워진 리가, 그리고 1251년경에 세워진 스톡홀름이다. 여기에 영국의 런던을 추가해야 한다. 런던은 한자동맹 조직망에 편입되면서 주요 경제 시장이 되었다. 우위에 있었던 또 다른 지역은 이탈리아 북부, 더 넓게는 지중해 지역이었다. 그 가운데 중심지는 밀라노, 베네치아, 제노바, 피사, 피렌체였고 크레모나, 피아첸차, 파비아, 아스티, 시에나 그리고 루카도 빼놓을 수 없다. 제노바는 특히 큰 노예 시장의 중심지였다. 노예들은 에스파냐의 국토수복운동에 맞춰 카탈루냐 사람들과 마조르크 사람들이 조달하든지 아니면 북해 지역에서 제공했다. 더군다나 1347년 제노바 선박 한 척이 북해의 카파를 거쳐 유럽에 들어오면서 유럽 지역에 흑사병 바이러스가 유입되었다. 베네치아에는 13세기부터 유리산업이 존재했으며 대개 무라노 섬에 집중되어 있었다.

이런 중심지에, 막 깨어나는 대서양 연안의 도시들, 특히 라로셸과 보르도가 추가된다. 프랑스 왕은 1224년 라로셸을 장악했으며, 영국인들은 프랑스 남서부에 정착한 후에 경작을 늘리고 새로운 부의 원천인 포도주 무역을 증대시켰다. 특히 보르도에서 그러했다. 잉글랜드가 보르도산 포도주에 도움을 청하기만 한 것은 아니었다. 라로셸에서 수출한 푸아티에 포도주가 상당히 높은 평가를 받고 소비되기도 했다. 1177년, 영불 해협의 생발레리쉬르솜 연안에서 푸아티에 포도주를 싣고 영국으로 가던 선박 서른 척이 난파를 당했다.

요컨대, 도시는 12세기 이후 별로 진보하지 않은 시골에 반해† 모든 부문에서 대단히 역동적인 장소가 되었다. 야금술과 무두질, 심지어 맥주 제조에 도시의 풍차를 활용했다. 이러한 기술 진보로 인한 노동의 역동성이 (여전히 영주들이 자주 도시에 머물렀던 이탈리아를 제외하고) 상인들을 탄생시켰으며, 이들은 자기네 사업과 노동자들 덕택에 도시의 주인이 되었다. 상인들은 경영자가 되어 노동 개념의 지위가 격상된 상황으로 이득을 보았다. 육체노동은 여전히 어느 정도 '조롱'받는 수모를 겪긴 했지만 옛날처럼 원죄의 결과로 경멸받지는 않았다. 그래서 노동의 경제적, 사회적 역동성이 드러난 것이다. 이러한 도시의 비약적인 성장은 12세기와 13세기에 여러 주화가 보급되는 주요 원인의 하나였다. 화폐 시장이 존재하지 않았고, 화폐 사용은 정체성에 관련된 감정에 예속되지 않았다는 점을 잊지 말아야 한다.

필요한 화폐

주로 도시의 비약적인 성장에 기인하긴 했지만 화폐는 도시의 틀을 벗어나서 사용되었다. 직물업과 나사 제조업에서도 마찬가지였다. 직물업과 나사 제조업에 의해 기독교 외부 세계와도 상당한 규모로 구매, 판매, 교류 움직임이 일어난 것이다. 이 분야는 거의 유일하게 산업 단계에 이르렀으며 나사 상인들(플랑드르와 에노에서 번영을 구가했다) 사이에서 화폐 유통이 증대되었다. 비록 여전히 개별 활동으로 남아 있었고, 방직 분야의 대대적인 기술 진보의 덕을 본 직물업이 시골에 도입되긴 했지

† 그렇지만 개간이 12~13세기에 계속되었다. 개간을 통해 목재를 생산했고 그런 목재를 팔아 돈을 벌어들였으며 경작지가 조성되면서 새로운 소득을 얻을 수 있었다. 앙주 지역에서 그러한 현상을 발견한 브뤼노 르멜(Bruno Lemesle)은 수도원의 경제적 역동성을 강조했으며, 그 결과 영주와 수도사 간에 수많은 갈등이 빚어졌음을 보여주었다.

만 말이다. 현실을 반영하는 사례로 영주의 성에 있는 작업실에서 피로한 기색으로 비단을 짜는 여성 노동자들의 모습을 보여주는 크레티앵 드 트루아의 소설《에렉과 에니드(Erec et Enide)》(1170년경)의 유명한 구절을 들 수 있다. 이것을 보면 성채에서 직물을 제조하기도 했던 것으로 추정된다. 나사 제조업에 적용되는 것은 건축업계에도 적용된다. 건설업 덕분에 목재는 쇠퇴하고 석재와 금속이 득세하게 되었다. 예를 들어 캉의 석재는 11~15세기에 채굴되었고 산업형 거래 대상이 되었는데, 이러한 거래에는 돈을 상당히 많이 써야 했다. 일반적으로 화폐경제로 나아가는 데에는 채석장 개발이 산림 개발보다 훨씬 더 큰 영향을 미친다.† 최근 프랑스에서 중세 고고학의 범위가 폴란드의 사례를 본떠 시골로 확대되었기 때문에 연구자들은 부르고뉴, 특히 드라시, 코트도르에서 발굴 작업을 시작했다. 이 발굴 작업을 책임진 프랑스인 장마리 프제는 농민들의 가옥이 상당히 이례적으로 나무가 아니라 돌로 지어졌음을 강조했다.††

12~13세기 전환기에 통화 분야에서 수도회의 역할이 절정에 이르렀다가 곧 쇠퇴했다는 점을 유의하자. 일부 수도원, 특히 클뤼니 수도원은 속인들에게 돈을 빌려주는 주요한 대부업자이기도 했다. 화폐 수요

† O. Chapelot, P. Benoit(dir.), *Pierre et métal dans le bâtiment au Moyen Age*, colloque de Paris de 1982, Ed. de l'EHESS, Paris, 1985, 특히 이 공동 저작에 들어 있는 논문 L. Musset, "La pierre de Caen: extraction et commerce XIe-XVe siècle," p. 219~235.

†† 이 발굴 작업의 결과는 *Archéologie des villages désertés: Dracy* (Paris, Armand Colin, 1970)에 발표되어 있으며 J.-M. 프제는 거기에 1972년 브장송의 콜로키움 책자, *La Construction au Moyen Age, histoire et archéologie* (Paris, Les Belles Lettres, 1973)에 들어 있는 논문 "L'habitation paysanne en Bourgogne médiévale"(p. 219~237)을 기고했다.

가 점점 증가하여 수도원은 더이상 이에 관여하지 못하게 되었다.

화폐 수요가 늘어난 상황에서, 기독교 사회의 광산이 개발되고 높은 가치의 은화, 심지어 비잔틴 금화와 이슬람 금화가 기독교 사회 북부와 동부로 확산되었음에도 불구하고 귀금속 자원이 부족했다. 그래서 12세기 화폐 경제의 진보는, 역사학자가 이 시대에 화폐가 얼마나 중요했는지 자세히 알 수 없는 만큼 그 실상을 확인하는 데 제약이 따른다. 경제학자와 화폐 전문가의 교류가 부족하고 글로 쓰인 희귀한 자료가 모호하기 때문에 이 시기의 화폐사는 제대로 밝혀지지 않고 방치되었다. 출전이 모호해서 종종 실물화폐를 말하는지 기준화폐를 말하는지 이해가 안 되는 것이다. 13세기와 더불어 상황은 변화한다. 참고 자료의 증가와 특히 1150~1250년 기독교 사회의 대대적인 변화 이후에 찾아온 화폐 경제의 실질적인 진보에 발맞추어 상세하고 폭넓은 연구의 가능성이 열렸다.

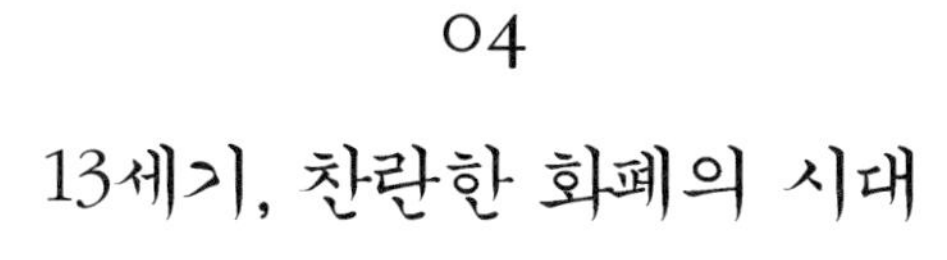

04
13세기, 찬란한 화폐의 시대

내가 생각하는 멋진 13세기는 긴 13세기이기도 하다. 영국의 역사학자 피터 스퍼포드는 1988년에 고전이 된《중세 유럽의 화폐와 화폐의 용도(Money and its Use in Medieval Europe)》를 출간했다. 페르낭 브로델의 후원을 받았던 스퍼포드는 긴 14세기에 대해 말했으며 저서의 중심이 되는 부분을 자신이 말한 '13세기의 상업혁명'에 할애했다. 그는 이 13세기가 1160~1330년대라고 명시했다. 여기서도 이렇게 긴 13세기를 다룰 예정이다. 12세기에 화폐가 활발히 사용되다가 13세기에 정점에 이른 것으로 보이며 14세기에는 여러 난관과 갈등으로 화폐 사용 양상이 혼란에 빠졌다.

논쟁의 대상이 되는 화폐

가장 눈에 띄는 징후는 이자가 붙는 대부, 그러니까 교회가 '고리대금'이라고 명명한 것을 둘러싼 토론 그리고 교회가 고리대금업자에 대해 취하는 균형 잡힌 태도에서 찾아볼 수 있었다. 교회는 고리대금업자에 대해 반감을 강화하는 태도와 어느 정도 면죄부를 주는 태도 사이에서 균형을 유지했다. 13세기는 화폐가 성직자 계층에서 가장 일관성 있는 이론적 논쟁을 불러일으킨 시대이다. 시골이 아니라 도시에 있는 수도회(그 가운데 중심이 되는 두 탁발수도회가 도미니쿠스 회와 프란체스코 회였다)가 탄생 · 발전하고, 도시의 선교 활동이 라틴어가 아니라 일상어를 통해 폭넓은 신도들에게 영향을 주면서 확대됨으로써 (그리고 대학 교육에 의해) 신학과 선교 속에 화폐가 모습을 드러내게 되었다. 모든 신자가 관련된 문제를 다룬 이론을 종합한 '대전'이 완성되었으며 그 안에서 화폐는 제자리를 얻었다. 중세 기독교 사회에서 화폐의 역할 증대로 지성 및 경제 · 사회에 관련된 문제가 제기되었고 대학의 건립은 이러한 문제와 결부되어 있었다.

여기 라틴어가 아니라 독일어로 행해진 일주일간의 설교를 소개한다. 13세기의 위대한 스콜라 학자 가운데 한 명인 알베르투스가 1257년 혹은 1263년에 아우크스부르크에서 설교를 했다. 위대한 알베르투스는 도미니쿠스 회 수도사로 파도바와 콜로냐에서 수학한 후 1245~1248년 파리 대학에서 신학 교사 자격을 얻었다. 그러고 나서 콜로냐의 스투디움에서 학생들을 가르쳤다. 특히 토마스 아퀴나스를 제자로 두었으며, 1280년 콜로냐에서 사망할 때까지 독일의 여러 곳에서 설교를 했다. 그가 바로 아리스토텔레스의 작품을 최초로 해석한 위대한 기독교인이었

다. 일주일 동안 매일 행한 일곱 차례의 설교 주제는 성 아우구스티누스가 복음서의 한 문장에 달았던 주석이었다. 바로 "산 위에 세운 마을은 숨길 수 없다"(마태복음 5장 14절)는 문장이다. 이 설교에서 알베르투스는 어떤 교리와 도시를 찬양했으며, 상인과 부자의 역할을 강조했다. 그들은 가난한 자들을 살렸을 뿐 아니라 도시를 아름답게 만드는 기념물들을 선사했다. 그가 중죄의 목록(중세의 신학자, 도덕론자, 설교자들이 제시하는 목록의 순서는 사회 질서와 도덕에 대한 그들의 태도를 가장 잘 드러내는 것이다)에서 첫손에 꼽은 최악의 죄는 음욕이었고 탐욕은 그저 세 번째 죄에 불과했다. 탁월한 미국의 중세 연구가인 레스터 K. 리틀은 위대한 저서 《중세 유럽의 종교적인 가난과 수익 경제(Religious Poverty and the Poverty Economy in Medieval Europe)》(1978)에서 알베르투스가 설교에서 지상에 반영된 천국은 수도원 경내가 아니라 도시의 대광장이라고 주장했음을 잘 지적했다. 그렇게 알베르투스는 자신의 성찰 속에서 도시와 화폐의 눈부신 발전을 통합한 것이다.

이것과 완전히 상반된 현상은 도시에서 가난한 사람들의 수가 상당히 증가했다는 것이다. 미셸 몰라는 중세의 가난한 사람들을 연구한 위대한 역사학자로 당시 시골에도 가난한 사람들이 있었지만 13세기에 도시는 가난한 이들이 새로 운집한 주요 장소였다고 강조했다. 그리고 피렌체의 예를 제시했다. 14세기에 비로소 수치화된 자료로 그것을 추산해내긴 했지만 말이다. 나는 화폐 유통의 증가와, 자비심으로 다른 사람에게 현금을 주는 자선 행위 증가라는, 모순돼 보이는 것들의 연관성을 다시 검토할 것이다. 그 이유는 아마도 늘어난 통화가 불균등하게 분배되었기 때문일 것이다. 역사적으로 융성한 경제체제는 흔히 사회 불평등의 증대를 수반했다.

도시의 새로운 투자 비용

영주들이 이러한 통화량 증가로 이득을 봤다기보다 난관을 겪었다면, 도시의 재정은 훨씬 더 어려웠다. 수공업과 상업 발전으로 인한 부의 증대는 주로 개인 혹은 가족 차원에서 이루어졌다. 도시는 공동체와 사람들, 도시가 해방되었을 때부터 도시를 대표한 각종 기관(시장, 보좌판사 등)에 관련된 온갖 지출에 직면해(도시는 대개 12세기에 해방되었다) 적절한 세무 기구를 갖추어야 했다. 이 가운데 최우선 순위에 오른 것은 요새 건축(특히 요새의 수리)에 관련된 지출이었다. 제후와 영주가 폭력 행위를 일삼던 이 시대에는 대부분의 도시가 요새에 둘러싸여 있었다. 상업이 발달함으로써 이미 이프르와 파리에 시장이 건설되었다. 그런 시장은 편리한 교역에 연계되어 있었을 뿐만 아니라, 도시를 상징하는 이미지로 성당의 맞수가 되기도 했다. 1305년 아그드에서는 시 행정관들이 '건립할 수 있는 가장 크고 넓은' 시장을 대광장에 세우기 위해 주교와 합의해야 했다.

마찬가지로 도시에 화덕, 지하 저장실, 압착기, 그리고 무엇보다 풍차가 필요했지만 민간 투자는 충분치 않았고 도시 공동체가 개입해야 했다. 1218~1219년 아그드에서도 그러했는데, 도시는 주교와 더불어 에노에 풍차를 세우는 일에 투자해야 했다. 많은 도시가 비용을 대서 수도교, 우물, 운하, 분수를 지어야만 했다. 1273년 프로뱅에서는 시장이 여러 가옥과 거리에 외부 수도관을 연결했고, 1283년 도시는 네 개의 분

수를 주민들의 비용으로 설치할 권리를 왕에게 얻어냈다. 13세기는 나중에 시청이라고 불린 시 청사를 짓기 시작한 시대이다. 시청은 12세기 말부터 나타났으며 1190~1204년 툴루즈에 등장했다. 브뤼헤의 경우 도시 경상비에 의회 의원들에게 지불하는 보상금, 시 공무원의 연간 고정 급여—일명 연금—가 포함되어 있었다. 또한 경찰 업무를 맡은 사람들의 임금, 의회 의원들의 화려한 복장에 지불되는 비용, 시 직원들의 제복에 지불되는 비용, 귀빈에게 마련된 건배용 포도주 값도 포함돼 있었다. 이러한 포도주는 도시가 호의를 얻으려 애썼던 인물들에게 바치는 뇌물로 바뀌었다. 끝으로 레이몬드 데 루버에 따르면 사자(使者)의 비용이 상당했다. 여기에 도시의 자선 정책 차원에서 건립된 병원과 나병 환자 수용소가 추가된다. 자클린 카유는 자신이 말한 대로 나르본 병원을 '시의 소유로 하고 종교에서 분리시키는 상황'을 잘 보여주었다.

자클린 카유는 다리 건설에 시가 지출한 비용을 연구했다. 도시는 대개 강 상류에 위치했기 때문에 로마에서 파리에 이르기까지 다리 건설은 애초에 도시의 의무이자 주요 지출 항목이었다. 1144년부터 툴루즈 백작이 몽토방 시를 건설했을 때, 그는 이주자들에게 비용을 각출해 타른 강에 다리를 놓으라는 의무를 부과했다. 다리 건설 자재는 목재에서 석재로 바뀌어 비용이 상승했지만, 나무라고 해서 늘 적은 비용이 든 것은 아니었다. 목재는 화재 위험에 노출돼 있었고 파멸을 안겨다주는 대규모 범람에 석재보다 더 취약했다. 화폐의 확산을 보여주는 징후인 나르본의 다리가 몇 개 건립되었다. 첫 번째 다리인 일명 퐁뇌프는 1275년 오래된 퐁비외를 대체한 것으로, 나르본의 역사학자들은 이 퐁비외 다리가 12세기 다리 아니면 로마의 옛 다리라고 생각했다. 두 번째 다리는

1329년에, 그리고 세 번째 다리는 1341년에 건설되었다. 이 마지막 다리는 교각이 벽돌조로 되어 있고 바닥에 떡갈나무 판자가 깔려 있었다. 퐁뇌프는 1307년에 심한 홍수로 일부가 파괴되었다.† 다리 건설 자금은 나르본의 영주들과 다리가 자신들에게 특별히 유용했던 귀족들의 자금 그리고 무엇보다 두 가지 통행료로 조달할 수 있었다. 이 통행료에 대한 입찰 가격은 상인들과 부유한 장인들이 거기에 관심을 보였기 때문에 특히나 높았다. 멀리 떨어져 있긴 했지만 왕은 대개 다리의 건설이나 유지, 보수에 관련된 지출을 허가하기 위해 자주 개입했다. 긴 13세기 동안 도시에서는 경제와 사회가 비약적으로 성장했으며 이러한 성장이 정점에 다다랐을 즈음 다리가 건설되었다.

일반적으로 설비 기술과 기술 지식이 오늘날보다 더 빈약했던 중세에는 특히 각종 재해(홍수, 화재, 침하 등)에 민감했으며, 보수에 돈을 점점 더 많이 쓰게 되었다. 자크 베를리오즈가 개괄한 중세의 참사에 대한 역사는 아직 자세히 연구되지 않았으며 중세사에서 누락된 부분이라고 할 수 있다. 그 시대에 다른 많은 도시에서 그랬듯이 교회와 민중이 나르본의 도시 토목공사에 주로 자금을 대긴 했다. 하지만 도시와 자작의 지역 내에서 이용된 화폐의 주조에 대해 말하자면, 자작의 역할은 상당히 중요했다. 나르본 시민들은 자작이 주조한 양질의 화폐에 대단한 호의와 관심을 가지고 있어서 1265년 아모리 1세는 도시와 큰 마을 행정관들의 희망에 부응하여 "자신은 아버지가 최근에 주조하게 한 새 화폐를 평생

† J. Caille, "Les nouveaux ponts de Narbonne(fin XIIIe-milieu XIVe siècle). Problèmes topographiques et économiques", *Hommage à André Dupont*, Montpellier, 1974, p. 25~38.

유지하고 보존할 것임"†을 칙령으로 포고해야 했다.

대규모 성당 건설현장

이러한 대대적인 설비와 보수 공사에 앞서 13세기에 가장 많은 돈을 흡수한 사업은 바로 커다란 고딕 성당의 건설이었다. 오랫동안 역사는 권력자들이 건설에 쓰이는 원자재를 마련하고 노동자들이 자원해 공사를 수행했다는 식으로 신앙과 종교적인 열성이 어우러진 성당 신화를 퍼뜨렸다. 그러한 노동자들이 영주가 제공한 노예 상태의 노동자들인지, 신에게 자신들의 노동을 바치는 자유노동자들인지는 상관도 하지 않았다. 20세기 후반 역사학자들이 수행한 더 명료한 연구로 커다란 성당의 건축에는 많은 비용이 들었음이 밝혀졌다. 이러한 기념물을 숭배하면서도 사람들은 중세 유럽 경제가 발전하지 못한 이유가 여러 차례의 십자군 원정, 세분화된 화폐, 그리고 성당 건립 비용이라고 생각할지도 모른다. 미국의 역사학자 헨리 크라우스는 1979년 이 문제를 다룬 멋진 책을 써서 설득력 있는 제목을 달았다.《금이 모르타르였다. 고딕 건축물의 경제학(Gold was the Mortar. The Economics of Cathedral Building)》. 이 책은 1991년《거대한 비용, 성당 건립에 조달되는 자금(A prix d'or. Le financement des cathédrales)》이라는 제목을 달고 프랑스어로 번역되었다. 그는 자료수가 적고 정확도가 떨어져 현대의 방식으로 산정하기 쉽지 않았기에

† Thomas M. Bisson, "Confirmaio monete à Narbonne au XIIIe siècle", *Narbonne, archéologie et histoire*, Montpellier, 1973.

근사치에 접근하는 식으로 몇몇 대성당 건립에 조달된 자금을 연구했다. 파리, 아미앵, 툴루즈, 리옹, 스트라스부르, 요크, 푸아티에, 루앙 성당들 말이다. 파리의 노트르담 성당은 특히 교회의 자금으로 건립되었다. 교회는 부유한 주교가 낸 기부금, 그리고 12세기 말에 참사회가 여러 차례 부과한 인두세, 각종 소득이나 교회의 재산 일부를 판매한 대금을 성당에 바쳤다. 1196년에 사망한 건립자 모리스 드 쉴리 주교는 교회당의 신자석이 있는 중앙홀 지붕에 쓰이는 납을 구매하는 데 100리브르를 유증했다. 1270년경 부유한 참사원이었던 파리의 장은 십자형 교회당의 가로대 회랑 건립에 자금을 댔고, 가장 후했던 주교로 5000리브르 이상을 기부한 이는 바로 시몽 마티파 드 뷔시였다.

아미앵에서는 1220~1250년에 대부분의 건설 공사가 부르주아들이 낸 재정 분담금으로 실행되었다. 주교였던 조프루아 되는 자기 재산의 일부를 팔았다. 게다가 성당을 건축하는 동안 도시의 다른 교회들에 대한 모든 기부금을 금지시켰다. 13세기 말에 아미앵 시는 공사를 끝내기 위해 상당한 금액을 차입했으며 부채가 꽤나 늘어나게 되었다. 더군다나 시는, 도시 밖에 자리 잡았지만 도시 내부에 두 개의 건물을 소유한 도미니크 수도회에 시장을 지어야 한다며 이 건물을 도시에 팔라고 강요했다. 수입이 성당에 할당되는 시장 말이다. 무역으로 부유해진 대청 상인들이 제공한 돈은 감사의 표시로 그들에게 멋진 조각을 가져다주었다.

툴루즈에서는 부르주아도 교회도 성당을 짓는 데 많이 투자하려 들지 않았기 때문에 결국 도시 규모에 걸맞은 성당을 소유하지 못했다. 다른 교회들은 시민과 성직자 계급의 호의와 재원을 받아들였다. 12세기에 베네딕투스 회의 멋진 생세르냉 성당, 도라드와 달바드의 성당들이 그러했다. 이 성당들은 활발히 움직이는 장인들과 상인들, 특히 칼붙이 제조인 동업조합의 자금을 조달받았다. 툴루즈가 카타리 파 색출의 중심지가 되었던 시기에 사람들은 대성당 건축에 우호적이지 않았다. 13세기 말에 베르트랑 드 릴주르댕(1270~1286) 주교가 열렬히 성당 건립을 재개하려 했을 때, 주요 자본을 끌어들인 것은 탁발수도회 교회, 특히 도미니쿠스 회의 교회, 자코뱅 교회 건설공사였다. 툴루즈 사람들은 이러한 교회를 '성당을 대체하는 것'이라고 여겼다.

리옹 성당 건축에는 성직자들과 부르주아 계층이 나란히 자금을 댔다. 실제로 재건축 작업은 1167년부터 시작되었다. 사실 양쪽 다 진지하게 관심을 보이지 않았다. 그들은 유증과 기부를 통해 일부 재원을 충당해주었다. 따라서 리옹의 생장 성당 건축은 16세기 말까지 질질 끌었다. 그와 반대로 스트라스부르 시민들은 자기네 성당에 열정을 보임으로써 화재가 난 뒤에 로마네스크 양식의 중앙 홀을 고딕 양식의 홀로 대체하면서 13세기 중반에 신속히 성당을 건축했으며 거대한 정면 공사는 1277~1298년에 실행되었다. 반대로 잉글랜드의 요크 성당은 1220년부터 대주교들이 적극 건축에 나섰으며 속도가 붙었다가 중단되곤 했다.

크라우스는 푸아티에와 루앙의 성당 건축을 검토했다. 푸아티에에서는 이상하게도 1242년 프랑스인들이 푸아티에를 점령한 후에 오랫동안 공사가 중단되었으며, 성왕 루이의 형으로 1271년에 사망한 알퐁스의 영지였던 시기 내내 공사가 중단되었다. 루앙에서는 성당 건축이 영국 플랜태저넷 가의 마지막 왕들과 마찬가지로 프랑스의 필리프 오귀스트, 루이 8세, 성왕 루이에 의해 촉진되었다. 성왕 루이는 교회 건축에 관대한 태도를 보였으며 루앙의 대주교인 외드 리고와 긴밀한 관계를 맺는 한편 탁발수도회에 매력을 느꼈다. 많은 중세 성당이 그렇듯 루앙 성당은 15세기 말에서 16세기 초에 비로소 완공되었다. 이 시기에 특히 유명한 '버터 타워'가 지어졌다. 그런 이름이 붙은 이유는 미식을 즐기며 돈으로 사순절의 면죄부를 사들인 부르주아 계층의 자금을 조달받았기 때문이다.

이렇게 교회의 수입과 부르주아의 기증을 통해 자금을 조달했으며, '잠정적인(ad hoc)' 기관이 출현해 13세기 초부터 성당 건축 자금을 합리적으로 관리했다. 프랑스에서는 이 기관을 교회재산관리위원회라고 불렀고 이탈리아에서는 '오페라'라고 불렀다. 이 관리위원회가 맡은 일은 비정기적이며 금액이 다양한 수입의 수령, 건설현장에 규칙적으로 자금 조달하기, 한도를 규정하고 항목들을 상세히 명시하면서 예산짜기 등이었다. 알랭 에르랑드 브랑당뷔르에 따르면 "그 기관은 건설현장의 작업 수행과 그만큼이나 중요한 현장 관리에 꼭 필요한 조정자 역할을 수행했다. (……) 또 현실을 정돈해야 했다. 얼마나 무질서하냐며 사람들이 넌더리를 낸 그런 현실 말이다."† 어느 이탈리아 성당의 '오페라'를 가장 완벽하게 다룬 책은 바로 안드레아 조르지와 스테파노 모스카델리가 2005년 시에나 성당의 '오페라'를 검토한 연구서이다.†† 시에나의 산타 마리아 오페라(opera di Santa Maria)는 1190년에 처음으로 언

† A. Erlande-Brandenburg, *La Cathédrale*, Paris, Fayard, 1989, p. 276.

†† A. Giorgi, S. Moscadelli, *Costruire una cattedrale. L'Opera di Santa Maria di Siena tra XII e XIV secolo*, Munich, Deutscher Kunstverlag, 2005.

급되었을 정도로 이른 시기에 창설되었다. 13세기에 성당의 '오페라'에는 유증과 기부금이 들어왔지만 '오페라'를 운영하고 성당을 건축하는 데 필요한 자금의 주요 토대는 봉헌이나 밀랍 소득의 독점이었다. 대개 이런 수익은 화폐 형태로 불입되었다. 이러한 특권은 1262년 법률 문서인 '콘스티투토(Constituto)'에 자세히 규정되어 있다. 결국 성당 건설현장에 자금을 대기 위해 필요했던 '오페라'의 자산은 13세기 말부터 형성되었다. 그 자산에는 도시 밖에 있는 들판과 포도원, 1271년부터 폰테 디 포이아노의 풍차에서 얻은 수익, 목재 공급용 삼림지, 몇몇 대리석 채석장이 포함돼 있었다. 그리고 14세기에는 도시 부동산이 그 자산에 포함되었는데, 오페라는 언제나 도시의 부동산을 더 많이 획득했다. 여러 참고자료를 통해 마침내 '오페라'의 소득 가운데서 석공장들과 노동자들의 보수에 할당된 부분을 꽤 자세히 알게 되었다.

새로 조달되는 자금을 사용하기

상당한 규모의 새로운 투자 비용과 운영 비용을 대기 위해 도시는 권력을 가진 왕이나 영주에게 세금 징수를 허가받았다. 샤를 프티뒤타이이(Charles Petit-Dutaillis)에 따르면, 14세기 초에 도시는 "납입금을 받고 임대한 각종 시설들, 여러 장소들, 상품 진열대, 묘혈, 때로는 풍차를 소유했으며 온갖 유형의 소소한 소득을 수령했다. (……) 도시는 벌금, 각종 변경에 부과되는 영주의 세금, 부르주아 계층이나 동업조합에 들어갈 경우 요구되는 세금을 수령했다. 도시는 돈을 받고 시의 여러 직책과 집달리의 직위를 판매했다." 하지만 이 역사학자는 그러고도 지속적으로 발생하는 각종 비용을 충당하지 못했다고 덧붙이며 이렇게 썼다. "대개 그러한 수입은 예산의 5분의 1에 이르지 못했다. 5분의 4는 아미앵의 경우 원칙적으로 주민들의 동의를 받은 연간 세금에서 충당했으며 이러한 세금은 장소에 따라 달랐다." 따라서 도시 의회는 세금으로 운영되었다. 세금은 재산에 의거해 징수되는 것으로, 오늘날의 직접세가 있었고, 일반적으로는 '인두세'거나 무엇보다 경제 활동에 의거해 징수되는 간접세였다. 간접세의 명칭은 다양했지만 총칭 '상납금'이라고 했다. 브뤼헤에서는 14세기 초에 특별세라고 불리는 세 가지 상납금, 즉 포도주 특별세, 맥주 특별세 그리고 꿀물 특별세가 존재했다. 포도주 특별세는 환전상들이 징수를 대행했다. 그러한 세 가지 특별세로 모아들인 수익은 시 수입 총액의 85퍼센트에 달했다. 민심을 얻기 어려운 이러한 세금을 징수하기 어려워서 도시는 신용 대출을 했으며 빚을 지게 되었다. 파트릭 부서롱은 "대부와 세금의 변증법"에 대해 말한 바 있다. 일반적으로 13세기 후반에 플랑드르, 북부 프랑스 등지에서 도시 회계가 가동된 순간부터 여러 자료에 공공 부채가 기록되었다. 공공 부채는 14세기 동안 여러 도시국가로 나뉘어 있던 이탈리아, 프로방스, 카탈루냐, 발렌시아 왕국에 확대되었다. 이러한 지출과 세금 문제에 직면해 도시는 상인들을 본떠 도시 회계를 발전시켰으며 관련 업무는 대개 13세기 말에(이프르에서는 1267년, 브뤼헤에서는 1281년에) 시작되었다. 일반적으로 부유한 사람들이었던 출납원들이 회계 책임을 맡았는데 적자가 난 경우에는 자기네 재산을 투입해야 했다. 시의 회계는 라틴어가 아니라 일상어로 작성되었으며, 처음으로 샹파뉴 지역 장에서 구입한 종이로 작성한 자료에 관련 장부들이 포함되어 있다. 릴 시의 회계는 1301년 그리고 1303년에 종이를 사용해 작성되었다.

중세 도시의 재정은 일반적으로 특허장을 기초로 구성되었다. 루이스 멈포드는 이렇게 썼다. "특허장은 도시가 효율적인 경제조직을 구축하는 데 가장 필요한 조건이었다." 예를 들어 유명한 '로리스 관습'은 1155년 지방 행정구의 주민은 누구든 개인적으로 소비할 물품이든 스스로 생산한 곡물이든 세금을 지불하지 않아도 되며, 에탕프, 오를레앙, 밀리나 믈룅에서 통행료를 지불하지 않아도 된다고 명기했다.

플랑드르 백작령이나 프랑스 왕국같이 중앙집권화된 권력이 커가면서 도시 재정은 점점 더 많은 통제를 받았다. 백작과 왕은 예산을 세우려고 노력했다. 그에 관한 문서가 보존되어 있는 경우에도 예산 항목에서 실물화폐에 해당하는 것과 단순한 추정에 해당하는 것을 구분하기 어렵다. 도시 재정 감독에서 가장 놀라운 사례는 기 드 당피에르 백작의 요구로 프랑스의 대담왕 필리프가 1279년에 제정한 칙령이었다. 그는 모든 플랑드르 도시의 보좌판사들에게 해마다 백작이나 그의 대리인 그리고 이해관계가 얽힌 모든 주민, 특히 민중과 부르주아의 대표자들 앞에서 재무 관리 상황을 보고하도록 지시했다.

그렇게 해서 화폐는 중세 도시에서 점점 더 강력한 영향력을 발휘하게 된다. 부르주아의 첫 번째 야심이 자유를 얻고 무엇보다 스스로 관리를 하는 것이었다면 다른 주요 관심사는 화폐와 관련된 것이었다. 특히 도시 시장에서 영주와 그에게 의존하는 농민들에게 필요한 화폐(영주는 사치와 위세에 드는 비용을 대기 위해, 농민들은 영주에게 일부 납부금을 내고 시골에서 찾지 못하는 필수품을 얻기 위해 돈이 필요했다)를 제공하면서—부르주아가 봉건 체제와 무관하지는 않지만—부르주아는 자신의 안락과 위신을 위해 부를 늘리고 싶어 했다. 한편 부르주아는 대개 종복들과 아랫사람들을 고용했으며, 브로니슬로브 게레멕이 파리를 대상으로 한 연구에서 보여주었듯이 임금을 점점 더 현금으로 주어야 했다. 이러한 현금 재원은 로베르토 로페스가 잘 설명했듯이, 주로 상업과 산업에서 나왔다. 분명히 대대적으로 상업 활동을 하는 대도시들만 13세기 동안 폭넓게 그리고 점점 더 많이 화폐를 사용할 수 있었다. 대규모로 거래한 산물은 곡물, 포도주, 소금, 가죽, 양질의 직물, 광물, 금속이었다. 그렇지만 중간 규모의 도시에서도 돈이 널리 보급되었다. 랑은 이른바 '포도주의 수도'였고, 루앙은 12세기 후반에 잉글랜드 왕에게 부여받아 13세기에 프랑스 왕이 영속적으로 하사한 특권 덕택에 주요 포도주 수출항의 지위를 누렸다. 또 리모주에서는 톨르 가〔rue des Taules(tables)〕라는 한 거리가 환전상들에게 할당되기도 했다.

화폐 성장이 사회에 미친 여러 영향

도시에서 유통되는 돈의 또 다른 원천은 소비와 관련이 있었다. 나는 독일의 위대한 역사학자 좀바르트의 정의를 인용한다. "도시란 자신들의 생계를 위해 외부 농산물에 의존하는 사람들이 모인 곳"이며 시민들은 점점 더 현금을 지불하고 이러한 산물을 획득한다. 최근 역사학자 데이비드 니콜라스는 플랑드르 도시의 비약적인 성장에서 소비가 수행한 역할을 자세히 밝혔다. 우선 그는 플랑드르는 "제 도시들의 생계를 보장하기 어려웠고, 대도시 주민들은 곡물이 부족할 경우 지역 소도시가 제공하는 곡물의 가격 상승 압박에서 벗어나길 원했던 만큼 더더욱 곡

물 공급원의 통제권을 확보해야 했다"고 지적했다. 이러한 상황은 거듭 말하거니와 중세에 전원 경제와 도시 경제를 대립시켜서는 안 된다는 것을 보여준다. 전원 경제는 화폐의 테두리 밖에서 운영되었을 것이며 도시 경제는 화폐 경제로 볼 수 없는 봉건체제 경제로 간주되는 농민 경제의 테두리 밖에 존재했을 것이다. 이에 따라 가격이 변동되었으며 그 결과 중세 경제(특히 도시 경제)는 화폐 경제의 특징인 가격 체계 속으로 훨씬 더 많이 편입된다(나중에 가격 변동에 대해 다시 말할 것이다). 비록 우리 출처에 나와 있는 가격이 구체적인 화폐가 아니라 단지 기준이 되는 신용화폐에 불과하더라도 말이다. 이렇게 도시에서의 화폐 사용은 상류층 주민들, 그러니까 부르주아에 한정되지 않았다. 추정할 수 있는 바에 의하면 겐트의 가난한 시민들은 14세기 중반에 그들이 받은 봉급의 절반가량을 오직 곡물을 구입하는 데 썼고 예산의 60~80퍼센트를 식비에 할애했다. 중세인들은 놀라울 정도의 비율로 고기를 소비했고 특별히 도시에서 더욱 그러했다는 사실을 주목해야 한다. 이것은 경제만큼이나 문화에 관련된 현상으로 그 이유는 아직 제대로 밝혀지지 않았다. 그리하여 중세 도시에서 푸주한이 늘었는데, 그들은 부유하고 힘있는 동시에 경멸받았을 것으로 보인다. 툴루즈에서는 1322년 기껏해야 주민 4만 명에 푸주한 수가 177명, 다시 말해 주민 226명당 푸주한이 한 명이었는데 1953년에는 주민 28만 5000명에 푸주한이 480명, 다시 말해 주민 594명당 푸주한이 한 명이었다.

도시 사회구조는 상당 부분 화폐의 유통과 사용에 의존했다. 이러한 틀에서 사회 불평등이 나타났으며 힘있는 사람들의 권력에서 현금 재산이 차지하는 자리가 점점 더 커졌다. 13세기는 특권층의 세기로, 다른 사람들보다 우위에 있고 막강한 권력을 손에 쥔 가문이 그런 특권층이었다. 특권층은 점점 더 부유해졌다. 이러한 부의 형성에 기여한 주요 원천이 셋 있다. 첫째는 전통적인 원천으로 도시 밖에 있는 땅과 도시 내부의 주택이고, 둘째는 그 가운데 중심이 되는 사람들의 경우 상업이며, 셋째는 전통적인 특권과 세무 관행이었다. 부유한 부르주아는 상납금, 그러니까 간접세 납부에서 빠져나갈 준비를 했다. 추산에 따르면, 아미앵에서는 인구의 4분의 1을 차지하는 최상위 부유층 주민 670명이 포도주 상납금 8분의 1을 납부하지 않았다. 화폐는 법률상의 여러 계약에 언급되었는데 그러한 계약은 13세기 동안에 증가했다. 13세기에 로마법이 되살아났으며 교회법이 제정되었고 관습법이 전사되었다. 1283년에 완성된 클레르몽탕보베지 백작령의 관습법 L장 "올바른 도시의 사람들에 관하여"에서 왕의 이름으로 재판을 한 필리프 드 보마누아르 대법관은 이렇게 썼다. "올바른 도시에서 인두세 때문에 많은 분쟁이 생겨났다. 도시의 여러 일을 관할하는 부자들이 자신들과 부모를 위해 빚을 지지 않을 것이라고 선언하고 자신도 세금을 면제받기 위해 다른 부자들을 면세해주어 모든 비용이 가난한 사람들에게 부과되는 일이 종종 일어났기 때문이다."

"재정 문제는 도시 공동체의 아킬레스건"이었다. 도시의 주인이었던 부르주아 계층은 대개 상인과 금융가였으며, 그들은 수와 계산법이 발전한 13세기에 제대로 회계하는 법을 배웠다. 또한 화폐 유통으로 이익을 취하고 화폐 유통을 고무하면서 확실히 부를 늘리는 법도 배웠다.

그렇지만 아직 엄밀한 의미의 부자들, 하물며—다시 살펴볼 터인데—자본가들에 대해 말하기는 어렵다. 이들은 여전히 '힘있는 사람들'

이었으며 특히 아르만도 사포리와 이브 르누아르가 연구한 이탈리아 상인과 은행가의 경우도 그랬다. 유명한 예를 하나 들어보겠다. 조르주 에스피나는 그 예와 관련해 고전이 된 책을 한 권 썼는데 나는 책 제목이 시대에 맞지 않다고 생각한다. 바로 《자본주의의 기원》으로 13세기 말 두에의 나사 상인이었던 즈앙 부안브로크 경을 다룬 것이다. 저자는 특히 도시 소시민들에 대한 그의 지배력을 강조했다. 틀림없이 그의 권력은 돈에서 비롯되었을 것이며 그는 돈을 빌려주고 부당하게 불어난 채무를 가차 없이 상환하도록 요구했을 것이다. 하지만 그의 권력은 다른 토대 위에서 세워진 것이기도 했다. 그는 일거리를 주고 자택이나 그들의 거주지에 남녀 노동자들을 고용했다. "그는 (그들에게) 아주 조금 지불하고, 제대로 지불하지 않거나 전혀 지불하지 않았으며" '트럭 시스템(truck system)', 그러니까 현물 급여를 지급하는 방식을 적용했다. 이는 또한 화폐에 기반한 경제 및 사회 생활이 아직 개화하지 않았음을 보여준다. 그는 수많은 주택도 소유했다. 그의 노동자들과 고객들(그에게 납품하는 사람들)이 거기 살았으며 그들은 더욱더 주인에게 의존하게 되었다. 우리는 12세기에 창설된 한자동맹의 중심지인 뤼베크 같은 도시에서 경제에 관련된 건축물, 곡식 창고, 가게, 양조통, 가마, 시장이 소수 대상인 소유라는 점에 주목했다. 결국 부안브로크는 정치적인 지배력과 거기에 기인한 힘을 보유했지만 별도로 그 힘을 관리하지는 않았다. 임금 노동자 및 도시에서 화폐가 수행하는 역할이 확대된 결과 1280년 무렵부터 파업과 봉기가 여러 차례 일어났다. 마침 1280년, 즈앙 부안브로크는 시의 보좌판사였으며 자신과 같은 사회계급에 속한 자들과 함께 폭력이 수반된 방직공의 파업을 "냉혹하게 힘으로" 진압했다.

12세기 말부터 시민들은 시간의 가치에 점점 더 예민하게 반응했다. 시간은 곧 돈이라는 관념이 나타난 것이다. 무엇보다 13세기는 수작업을 포함하여 노동의 경제적 가치, 바로 노동의 화폐가치를 점점 더 깊이 인식했다. 도시의 임금 노동자가 확대된 상황이 이와 관련돼 있었다. "일꾼이 자기 삯을 받는 것은 마땅하다." 복음서(누가복음 10장 7절)의 이 구절이 점점 더 많이 인용되었다. 그렇지만 도시 공동체가 결코 얻지 못할 한 가지 권리가 있었으니 바로 영주와 제후가 움켜쥔 화폐 주조권이었다. 하지만 경제를 원활하게 운영하고 자신들의 재산을 보존하기 위해 부르주아 계층은 13세기에 영주에게 자기네 화폐의 안정성을 보증해달라고 요구한다.

긴 13세기의 절정기에 화폐가 비약적으로 성장한 도시에 관한 논의를 끝맺기 전에, 부자들과 가난한 사람들 간의 대립이라는 주요 사회현상과 비교해 부차적이지만 의미심장하고 예기치 않은 한 가지 양상에 주목하자. 일부 여성들이 화폐를 다루었을 뿐 아니라 심지어 부를 획득한 것이다. 14세기 초 파리의 주요 세금인 인두세를 징수한 장부에서 그러한 내용을 읽을 수 있다. 파리 경제의 자산 가운데 하나는 건설에 이용되는 석고 채굴장 개발이었다. 중세 이후에는 오랫동안 버섯 재배지가 그런 채굴장에 남아 있었다. 석고 채굴장을 소유한 여성들은 13세기 말과 14세기 초에 파리에서 세금을 가장 많이 내는 사람들에 속했다. 그렇게 해서 석고 채굴장을 소유한 마리 부인과 그의 두 아이들에게 부과할 수 있는 인두세는 4리브르 12수였고, 석고 채굴장을 소유한 우데라는 여성에겐 그보다 적은 4수의 세금이 부과되었다. 그리고 석고 채굴장을 소유한 이사벨에게는 3수의 세금이 부과되었다. 다른 이들도 마찬가지였다. 이들에 대해 장 갱펠은 약간 과장해서 "성당 건설 운동의 성공에 여성들이 결정적인 역할을 수행했다"†고 적었다.

† J. Gimpel, *Les Bâtisseurs de cathédrales*, Paris, Seuil, 1958, nouvelle édition 1980.

05

상업혁명이 일어난 13세기의 교역, 은, 화폐[†]

대부분의 중세 연구가들은 우선 긴 13세기의 서구사회는 대내외적으로 거래가 활발했으며 이로써 '상업 혁명'을 거론할 만하다고 생각한다. 나는 이미 그 점을 시사했다. 나는 돈과 이러한 혁명의 연관성을 다시 살펴보려 한다. 왜냐하면 그러한 연관성이 의미하는 바가 경제적인 측면에만 국한되지 않고 이를 훌쩍 뛰어넘기 때문이다. 마이센 왕국의 변경백이었던 오토는 이 점과 관련해 상징적인 인물이 되었다. 1189년 보헤미아인들은 오토의 보물을 손에 넣었다. 그에게는 '부자'라는 별명이 붙어 있었고, 이례적으로 그 용어는 힘보다 재산을 더 많이 표현했다. 당

† 몇 쪽에 달하는 이 글의 많은 내용은 이미 인용한 피터 스퍼포드의 저서《중세 유럽의 화폐와 화폐의 용도》(Cambridge, 1988)에서 영감을 받았다. 하지만 나는 많은 영향을 받은 이 저서가 지나치게 '통화주의에 치우쳐 있다'고 생각한다.

대의 연대기들은 1189년 그의 재물이 은으로 3만 마르가 넘었으며 주로 은괴 형태였다고 기록했다. 만일 이 보물을 독일의 해당 지역에 가장 널리 퍼져 있던 동전 페니히로 주조했다면, 약 1000만 개가 만들어졌을 것으로 추정된다. 그가 이 재물의 일부를 사용한 예를 보면, 당시 널리 퍼져 있던 부자들의 화폐에 대한 태도를 알 수 있다. 그는 재산의 일부를 땅을 사는 데 투자했으며 라이프치히, 아이젠베르크, 오샤츠, 바이젠펠스, 주요 광산이 있던 프라이베르크에 새 성벽을 건설하는 사업에 보조금을 댔다. 끝으로 자기 영혼을 구원하기 위해 젤라 수도원에 3000마르의 은을 기탁해 주변의 여러 교회에 분배하도록 했다. 이것은 모범적인 행태로, 그는 13세기 화폐의 주요한 세 가지 용도, 그리고 화폐를 많이 소유한 사람들의 사고방식을 보여준다. 본질적으로 토지에 기초한 사회에서 사람들은 부동산 재산을 탐했고, 도시가 비약적으로 성장한 시기에는 도시의 안전에 점점 더 관심을 쏟았다. 끝으로 (우리가 뒤에서 살펴보는 대로) 그 변경백을 지옥으로 끌고 갔을지도 모를 돈은 그의 구원에 기여하는 경건한 과업에 사용되었다.

광산 개발

일반적으로 은을 함유한 금속을 더 집약적으로 생산함으로써, 그러니까 새 은광을 개발함으로써 당시 비약적으로 성장하는 상업에 부응해 주화 보급을 늘릴 수 있게 되었다. 그렇지만 13세기 유럽의 광산에서 은을 함유한 금속의 생산량은 14세기와 15세기에 달성해야 했던 생산량의 수준에는 미치지 못했다. 기술 진보로 생산성이 향상되었다. 일반적

으로 그런 기술은 독일에서 들어왔으며 때로 독일 광부들이 직접 진일보한 기술을 들여오기도 했다. 잉글랜드의 칼라일 광산을 1166~1178년 독일인이 운영했으며 1160년 사르데냐에서는 열여덟 명의 독일 광부들이 있었던 것이다. 이러한 광맥에서 채굴된 상당량의 은이 베네치아로 유입되었다. 도시의 재력이 컸고 독일인들이 독일 상관(商館, Fondaco dei Tedeschi)에서 영향력을 발휘했기 때문이다. 하지만 루에르그에 있는 오르잘 광산의 은은 부분적으로 파리의 성당기사단에 공급되었다.

새롭게 개발되거나 더 많이 개발된 주요한 광산은 고슬라르에 있었다. 이 광산은 《광물론(De mineralibus)》† 의 저자로 13세기의 위대한 신학자이자 도미니쿠스 회 박물학자였던 알베르투스에게 주요 소재를 제공해주었다. 고슬라르에 이어, 프라이베르크, 타이롤 지역의 프리에자흐, 모라비아의 이흘라바, 그리고 이탈리아 시에나 부근의 몬티에리 광산, 볼테라 광산, 사르데냐 이글레시아스 광산이 개발되었다. 이글레시아스 광산은 주로 피사에 영향을 미쳤다. 1257년 무게 5톤가량의 은 2만 마르를 싣고 가던 피사의 선박 한 척이 제노바 사람들에게 나포되었는데, 제노바인들은 그 은으로 병기고를 확장했다. 13세기에는 잉글랜드의 데본 지역에서 새로운 은광이 발견되었다. 이러한 광산의 소유와 개발을 둘러싸고 숱한 분쟁이 일어났다. 마이센의 변경백들은 볼테라 주교들이 몬티에리 광산에 대해 그랬듯이 프라이베르크 광산에 대한 지배권을 단호하게 그리고 오랫동안 확보했다. 토스카나에서 그리고 (피

† 대철학자 알베르투스가 지은 이 개론서는 도로시 위코프가 영어로 편집, 번역했다(Oxford, Clarendon, 1967).

사인들의 지배를 받던) 사르데냐에서는 광부에게 급여를 주던 회사들이 광산을 소유하게 되었다. 그렇게 해서 몬티에리와 마사에 광산 회사들이 생겨난 것이다. 잉글랜드 왕은 얼마간 데본 광산을 직접 개발하려 애썼지만 그 역시 단념하고 기업가들에게 개발권을 넘길 수밖에 없었다. 더군다나 이탈리아에서는 일부 농민들이 독립을 쟁취하여 자유지주가 되었듯이 광부들도 종종 광산을 개발하는 회사에 맞서 주도권을 갖게 되었다. 노동자들이 처음으로 자주관리를 시행한 곳이 바로 광산이다.

유럽의 화폐 유통

피터 스퍼포드는 13세기에 유럽의 다양한 영역에서 사용된 화폐의 비중을 보여주는 대차대조표(일명 국제수지표)를 작성해 화폐의 움직임을 가늠하려 했다. 우리에게까지 도달한 보물과 주화 목록을 포함하여 그가 이용한 자료에 포함된 두 개의 원문은(13세기 말로 거슬러 올라간다) 어떤 의미에서 당대를 요약하는 문서이자 시대의 산물이다. 나는 상인들이 작성한 상업과 화폐에 관한 첫 번째 교본 두 개를 말하는 것이다. 그중 하나를 지은 이는 베네치아 사람인 지발도네 다 카날로서 그는 1320년경 수첩을 작성했다. 더 체계를 갖춘 두 번째 글은 진정한 개론에 근접한 것으로 바로 《통상의 실무(Pratica della mercatura)》이며 1340년경 이 글을 작성한 사람은 피렌체 상인 프란체스코 페골로티였다.

1228년 베네치아인들은 대운하에 독일 상인들을 맞아들이는 데 쓰이는 독일인 상관을 지었다. 이 상관을 건립한 덕에 더 많은 독일인들이 들어왔으며, 그들은 당대에 가장 많이 생산한 독일 광산의 주화를 가져

왔다. 지발도네는 이제 베네치아에서는 대부분 독일에서 유입된 은으로 화폐를 주조한다고 기록했다. 화폐가 독일에서 오로지 이탈리아로만 수출된 것은 아니었다. 네덜란드 남부의 레나니아와 샹파뉴에도 도달했고 거기에서 프랑스로 퍼져나갔다. 이는 주로 식료품 구입에 사용되었다. 그러한 화폐는 1190년대에 일드프랑스 지역에 도달했다. 일부는 한자동맹 상인들에 의해 때로는 발트 해를 통과해 동쪽으로, 때로는 서쪽으로, 특히 잉글랜드 쪽으로 흘러갔다. 1242년 자료에 따르면 런던은 플랑드르와 브라반트로부터 다량의 화폐를 받았고 독일과 플랑드르의 여러 도시, 특히 콜로냐와 브뤼셀의 생소한 화폐를 받았다.

13세기에 강화되고, 특히 향후 미남왕 필리프가 될 인물이 1284년 샹파뉴의 잔과 결혼한 덕에 샹파뉴 지역의 장을 손에 넣은 프랑스의 군주정은 화폐를 특히 이탈리아로 많이 수출했다. 1296년 토스카나의 교황 정치 체제가 징수한 세금의 3분의 1은 프랑스 화폐로 구성돼 있었다. 이탈리아와 유럽 북부의 화폐 유통은 13세기 말에 제노바, 베네치아, 피사가 정기 해상로를 엶으로써 장려되었으며, 주괴나 주화 형태의 화폐는 주요 운송품 가운데 하나였다. 이러한 선박의 수와 운항 빈도로 보아 브뤼헤 같은 도시는 6월과 12월에 화폐 부족 현상(strettezza)을 겪었으나 반대로 8월과 9월에는 화폐 과잉 현상(larghezza)을 겪은 듯하다.

《통상의 실무》를 지은 프란체스코 페골로티는 긴 13세기에 탄생한 화폐의 제도적, 지리적 틀 안에서 활동한 은행 직원의 전형이었다. 바르디 가가 소유한 피렌체의 유명한 은행의 해외 주재 대리인으로, 1315~1317년에 안트베르펜의 지점, 1317~1321년에 런던 지점을 운영한 데 이어 키프로스 섬에 있는 파마구스트 지점을 운영했다. 그는 일부 식료품, 모피, 고슬라르의 구리, 베네치아를 거쳐가는 잉글랜드의 양모, 안트베르펜에서 판매되는 염장 철갑상어, 탄산염이 첨가된 청동 주화로 알렉산드리아에서 주조된 화폐 거래 등에 긴밀히 관련했다. 토스카나는 때로 중부 유럽에서 때로는 토스카나의 몬티에리에서 때로는 사르데냐의 이글레시아에서 오는 은을 공급받았고 사르데냐의 은은 특별히 피사가 취득했다. 토스카나인들은 그렇게 얻은 은을 화폐로 바꾸면서 이득을 얻었다. 때로는 구입한 가격보다 비싸게 되팔아 각종 제품, 이를테면 뤼베크 산 비단에 투자하면서 말이다. 밀라노 사람들은 금속과 면직물 제조소에 자금을 대면서 그들이 획득한 주괴 형태의 은에 더 높은 가치를 부여하기도 했다.

이탈리아와 북부 유럽 사이에서 이러한 교역이 이루어졌는데, 이탈리아 북부와 토스카나 사이에서는 또 다른 경향의 무역이 동방세계—콘스탄티노플, 팔레스타인, 이집트—쪽으로 확대되었다. 유럽 화폐는 하나의 상품이었고 동방세계 사람들이 베네치아, 악고(Akko), 알렉산드리아에 세운 여관에 맞먹는 시설을 건립하는 데 필요한 자금의 원천이었다. 13세기에 동방세계에 수출된 주요 화폐는 영국의 스털링, 프랑스의 투르에서 주조된 드니에, 베네치아의 그로소였다. 이탈리아인들이 유럽에서 수출하고 재수출하는 동방세계의 상품 수량이 늘어난 결과 통화량도 증가한 것이다. 동방세계에서 서구사회로 수입된 두 가지 품목은 특히 더 중요했다. 바로 북부 시리아의 면 그리고 인도와 아라비아에서 온 향신료였다.

알렉산드리아, 다미에타, 알레포 그리고 악고에 자리 잡은 피사인, 베네치아인 그리고 제노바인이 그러한 물품을 동방세계에서 서구사회로 운송했다. 그렇게 해서 서구사회의 화폐는 아주 먼 거리를 오가며 동방세계의 각종 물품을 교역하는 데 쓰였다. 이를테면 러시아 모피, 소아시아 명반같이 비교적 가까운 지역에서 취득한 것들을 거래했지만, 긴 13세기 동안 무역상들은 중국에 도달해 비단을, 인도 동부에 이르러 향신료와 보석을, 그리고 페르시아 만에 도달해 진주를 거래했다. 여기서 13세기의 서구사회에서 혹은 서구사회를 통해 화폐가 대대적으로 확산된 이유 중 하나가 서구사회, 영주 사회 그리고 특히나 도시 사회에서 상류층 부르주아 계급의 사치가 확산되었기 때문이라는 점을 엿볼 수 있다.

이 시기에는 종교가 화폐 사용을 촉진하기도 했다. 첫째 원인은 교황령 발달인데, 나는 뒷부분에서 이에 대해 말할 것이다. 이로써 많은 기독교인들, 특히 프란체스코 회와 그 수도회의 설교를 듣는 사람들이 분노했으며 교황 정치 체제가 화폐에 보인 성향을 신랄하게 비판하는 글들이 12세기 말과 13세기 초에 유통되었다. 그렇게 해서 풍자 소설 《신의 베산(Le Besan de Dieu)》과 《자비의 소설(Le Roman de carité)》, 더 나아가 패러디 작품인 《은 무게에 따른 복음(Evangile selon le marc d'argent)》이 유통되었다. 14세기 초에 아비뇽에 자리 잡은 교황 정치 체제는 이 도시의 지리적인 위치를 이용했다. 아비뇽은 로마보다 더 중앙에 위치했던 것이다. 그 결과 교황청은 교회와 유럽의 기독교도를 대상으로 더 많은 공제금을 거둬들이게 되었다. 교황 요한 22세가 재위한 시기(1316~1334) 교황청의 소득은 피렌체 금화로 연평균 22만 8000플로린 정도였다. 이 수치는 어마어마해 보이는데, 정확히 알지 못한 채 교황권의 부를 상상한 많은 기독교인들은 그 결과 신보다 오히려 마몬을 숭배했다. 그렇지만 이 소득은 피첸체 시 정부의 소득보다 적고 프랑스와 잉글랜드 왕들의 소득의 절반에도 못 미쳤다. 특히 아비뇽에 교황궁을 건설했을 정도로 자금 규모는 상당했지만, 이탈리아에서 수차례의 어려운 전쟁에 가담했기 때문에 교황청 수입의 상당 부분이 빠져나갔다는 점을 주목해야 한다. 더군다나 중세에는 상당히 큰 규모의 자금을 전쟁에 지출(대개는 현금 형태로)했는데 우리는 앞으로 이 내용을 살펴볼 것이다. 13세기 말부터 가스코뉴에서 발발한 프랑스와 잉글랜드 간의 전쟁은 백년전쟁의 전조로 잉글랜드와 프랑스 왕은 상당한 비용을 지출했다. 예를 들어 에드워드 1세는 1294~1298년 이 전쟁에 75만 파운드를 지출해 자신의 군대를 이끌고 미남왕 필리프에 대적하여 가스코뉴 지역을 견고히 방어했으며, 많은 프랑스 영주들의 지지를 얻어 그들이 중립적인 입장을 취하도록 했다. 다시 아비뇽으로 돌아가, 교황청이 징수하고 지출한 돈에 교황청 추기경들의 수입과 지출을 추가해야 하며, 그러한 수입과 지출은 상당히 높은 비율을 차지했다. 긴 13세기 동안 종교에 관련한 또 다른 지출 항목은 마지막으로 수행한 몇 차례의 십자군 원정에 댄 자금이었다. 끝으로 프랑스 남부의 로카마두르 마을과 특히 산티아고 데 콤포스텔라같이 중간 정도의 거리에 있는 곳으로 순례가 확대됨으로써 엄청난 돈이 들어왔다. 스칸디나비아와 슬라브계 국가들을 포함해 유럽 전역에서 온 순례객들이 점점 더 많이 이 지역을 왕래했다.

프랑스인들의 경우 이탈리아로 모험을 감행함으로써 십자군 원정으로 프랑스의 왕실 및 제후 사회에 적용되었던 공제금 체계가 쇄신되었다. 성왕 루이는 그런 모험을 받아들이지 않았지만 자신의 동생인 앙주의 샤를과 (나중에는) 종손인 발루아의 샤를뿐만 아니라 프랑스의 부유

한 영주들이 그러한 모험에 매료되었다. 활동 범위를 팔레스타인 대신 이탈리아로 옮겨가면서 프랑스의 재산은 더 오랫동안 더 많이 유출되었다. 이와 달리 13세기 동안 잉글랜드의 돈은 독일 쪽으로 들어가게 되었다. 13세기 초에 잉글랜드의 실지왕 존이 자신의 외조카로 부빈 전투에서 패한 오토 4세에게 상당한 금액의 재정 지원을 했던 것이다. 헨리 3세는 자신의 여동생인 엘리자베스를 프리드리히 2세와 결혼시키면서 매우 많은 지참금을 썼을 뿐만 아니라 독일과 두 개의 시칠리아 왕국에서 어려운 작전을 수행한 그 황제에게 상당한 규모의 재정 지원을 해주었다. 이렇게 독일인들에게 영국의 재산이 빠져나갔는데, 콜로냐의 대주교에게서 한 가지 예를 살펴볼 수 있다. 1214년 정치적인 지원을 구하던 영국인들 덕에 부를 늘린 그는 로마에 500마르를 보냈으며 그 가운데 대부분은 스털링 화였다. 동일한 시기에 잉글랜드의 화폐 사용 실상은 대륙에서 주조된 위조 스털링 화의 유통으로 상당히 교란되었다.

유럽에서 집약적으로 은화가 주조되는 동안 아프리카에서는 금화의 주조가 확대되었다. 아프리카에서 유럽으로 수출되는 금(가장 큰 규모로 수출되는 곳은 동방세계였다)은 그때까지는 화폐로 변형되지 않고 축재되었다. '수단의 금'이라는 이름이 붙은 아프리카의 금은 사하라를 통과하는 도로가 개설되었을 때 주로 모로코 남부, 사하라 북부, 8세기에 세워진 시드질마사(Sidjilmasa)가 중심지였던 지역에서 개발되었다. 이러한 금은 대부분 가루 형태, 다시 말해 아주 가느다란 입자 상태의 천연 금의 형태로 수출되었다. 소량의 아프리카 산 금은 톰부쿠에서 금괴 형태로 운송되었지만 대부분은 북부 아프리카의 이슬람 화폐 주조소에서 금화로 변형되었다. 일부는 코르도바 칼리프가 관할하는 에스파냐에 도달해 소량이 인근 기독교 지역, 특히 카탈루냐로 유입되었다. 에스파냐의 알모라비데 왕조의 마지막 군주였던 모하메드 벤 사아드가 1170년 무르시아에서 금화 주조를 중단했을 때, 카스티야 왕 알폰소 8세는 톨레도에서 고유의 화폐 모라베티노 혹은 마라베디를 주조하기 시작했다. 그 가운데 이탈리아의 상인들이 획득한 금 일부는 이탈리아 북부에 도달했지만 13세기 중반 사하라의 금은 더이상 기독교 국가들에 들어오지 않았다. 그러자 해당 국가들은 샤를마뉴 대제가 중단시킨 금화 주조를 재개했다.

주조, 화폐 주조소와 주화

유럽에서는 새로운 은광이나 은을 함유한 납 광산의 개발로 상당히 늘어난 화폐가 유통되기 시작했다. 1130년경 작센 지역의 에르츠게비르게 산맥 발치에 있는 프라이베르크의 대규모 광산 지대의 화폐 주조소는 아홉 곳에 불과했다. 하지만 1198년 스물다섯 개로 늘어났으며 1250년경에는 마흔 개에 달했다. 이탈리아에서, 특히나 몬티에리 광산과 금속이 매장된 언덕들이 있었던 토스카나에서도 화폐 주조소가 늘어났다. 1135년경에는 토스카나 지방에 화폐 주조소가 고작 한 군데뿐이었다. 12세기 중반 피사와 볼테라에 화폐 주조소가 개설되었다. 1180년경에는 새로운 주조소가 시에나에서 문을 열었으며, 그 때문에 향후 시에나는 번성하게 되었다. 1290~1300년 이번에는 아레초에 이어 피렌체에 화폐 주조소가 생겨났다. 이러한 주조소에서 주조된 모든 화폐 가운데 우위를 점하고 가장 넓게 유통된 화폐는 바로 피사의 데나로였다. 이탈리아 북부

에서도 화폐 유통량이 비약적으로 늘어났다. 밀라노, 파비아, 베로나에 이어 1138~1200년 제노바, 아스티, 피아첸차, 크레모나, 안코나, 브레시아, 볼로냐, 페라레, 망통에 주조소가 들어섰다. 라치오 지역의 경우 1130년에는 주조소가 네 개에 불과했는데 1200년에는 스물여섯 개로 늘어났으며, 한 주조소는 로마 시내에서 가동되었다.

프랑스에서 화폐 주조소는 주로 아르투아, 무엇보다 랑그독에 들어섰다. 특히 마글론의 주교들이 멜궤유(Melgueil) 백작 자격으로 추진했으며 그 지역 드니에는 심지어 피레네 산맥을 넘어 유통되었다. 중부 프랑스에서는 새로운 주조소가 많이 생기진 않았지만, 주요 화폐의 유통량이 상당히 늘어났으며, 투르의 생마르탱 사제가 주조한 드니에, 왕이 파리에서 주조한 드니에, 샹파뉴 백작들이 프로뱅에서 주조한 드니에가 꽤 많이 유통되었다. 샹파뉴 백작의 소유지는 13세기 말에 왕령에 병합되었다.

레나니아 지역에서 우위를 점한 화폐는 콜로냐의 페니히였다. 13세기 후반부터 네덜란드에서는 브뤼헤와 겐트에서 집중적으로 화폐가 주조되었다. 잉글랜드에서는 런던과 캔터베리의 대형 화폐 주조소 두 곳이 우세했지만 1248~1250년, 1279~1281년, 1300~1302년에 연이어 화폐 주조가 재개되자 소규모 화폐 주조소가 대단히 많이 문을 열었다. 끝으로 보헤미아에서는 특히 쿠트나 호라가 대단히 성장했다.

이러한 새로운 주조소가 발달함으로써 운영자, 소장, 감독관, 기술자, 노동자로 구성된 인력 구조가 조정되고 인력이 늘어났다. 이러한 주조소들은 13세기에 도시 여기저기에서 나타났던 새로운 제조소의 원형이 되었다. 그래서 지위가 높은 영주들과 특히 군주들은 그들이 지배하는 주조소에서의 화폐 주조 작업을 통제하려 애썼다. 프랑스의 필리프 오귀스트가 바로 그렇게 했다. 베네치아에서는 12세기 말과 13세기 초에 총독들의 노력이 마침내 성공을 거두어 더이상 황제가 화폐 주조에 간섭하지 않게 되었다. 중세인들은 라틴어에서 'ratio'라는 용어의 두 가지 의미를 차용했다는 점을 잊지 말자. 그 단어는 이성뿐만 아니라 계산을 의미했다. 13세기에 화폐 주조와 보급 과정이 개선됨으로써 이 말은 후자의 의미로 더 많이 사용되었으며 합리화와 계산이 조화롭게 진보했다. 화폐가 합리화의 대상이 된 것이다.† 베네치아와 피렌체에서는 화폐 주조소의 경영, 관리가 공무를 담당하는 행정관의 활동과 유사했다. 프랑스에서는 왕실 산하 화폐 주조소 소장이 된 사람들은 화폐 제조 당국과 임대차 계약을 맺은 임차인이었으며, 계약에 의해 주조할 화폐량, 소장과 왕에게 각각 돌아가는 이익, 기술상의 여러 조건, 제조 과정에서 용인되는 손실 폭이 규정되었다. 각 작업은 수많은 통제—무게 달기, 시험—의 대상이었고 소장이나 서기 그리고 왕실의 해당 관청을 대표하는 경비대원에게 장비를 관리하는 의무가 부과되었다. 안타깝게도 대부분의 장부는 남아 있지 않다.

그렇게 유통된 현금의 액수는 상당히 늘어났다. 적어도 우리가 그 금액의 수치가 표시된 자료를 보유할 수 있는 한에서 말이다. 안타깝게도 그런 자료는 입수하기 쉽지 않다. 1247~1250년, 런던과 캔터베리의 주조소에서 생산된 약 7000만 개의 새로운 페니는 그 가치가 30만 파운

† 주목할 만하고 상당히 명확히 설명해주는 다음 저서 참조. Alexander Murray, *Reason and Society in the Middle Ages*, Oxford, 1978.

드에 달했다. 아마도 13세기 중반에 잉글랜드에서 유통되었던 약 1억 개의 페니는 40만 파운드의 가치에 해당했을 것이다. 한 세대 뒤인 1279~1281년, 동일한 주조소에서 주조된 1억 2000만 개의 새로운 페니는 그 가치가 약 50만 파운드에 해당했다. 사람들이 살펴본 바에 의하면 에드워드 1세는 가스코뉴 전쟁을 위해 75만 파운드를 동원할 수 있었다. 프랑스의 경우 1309~1312년, 투르에서 주조된 리브르 화를 파리 주조소는 한 달에 1만 3200개를 주조했으며, 몽트뢰유보냉 주조소는 7000개, 툴루즈 주조소는 4700개, 소미에르몽펠리에 주조소는 4500개, 루앙 주조소는 4000개, 생푸르생 주조소는 3000개, 트루아 주조소는 2800개, 투르네 주조소는 2300개를 주조했다. 그 기간에 대한 회계 기록이 남아 있었다.

결국, 화폐 주조 독점권을 소유한 주요 통치자들은 13세기 동안 적어도 일부 화폐 주조 업무를 화폐 주조소 소장들에게 맡기기 시작했다. 1253년 성왕 루이의 형제였던 푸아티에의 알퐁스가 몽트뢰유보냉 주조소에 대행시켜 800만 개의 드니에를 주조했다. 성왕 루이의 형제인 앙주의 샤를은 5년 예정으로 주조를 맡겨 투르에서 드니에가 3000만 개 주조되었다. 임대 계약으로 이러한 화폐 주조 일을 맡은 인물들로는 화폐 주조소 소장들뿐만이 아니라 외국의 기업가들도 있었다. 점점 더 롬바르디아 사람들, 그러니까 이탈리아 북부의 상인들과 은행가들이 임대 계약으로 화폐를 주조했다. 1305년 페리고르의 주조소가 5년 동안 두 명의 피렌체 기업인들에게 임차되어 투르에서 드니에 3000만 개가 주조되었다.

13세기에 유럽 여러 나라에서 화폐 주조가 확대되긴 했지만, 그래도 지역에서는 물론이거니와 국제적으로도 상당량의 귀금속 주괴가 사용되었다. 화폐와 마찬가지로 14세기에 이러한 주괴의 유통이 상당히 증대되었다. 아비뇽에 자리 잡은 교황 정치 체제는 유럽의 다양한 교회들이 지불해야 할 돈을 종종 주괴 형태로 보내게 했다. 그 까닭은 주괴의 운송이 화폐 운송보다 훨씬 더 쉬웠기 때문이다. 요한 22세가 재위한 당시(1316~1334) 아비뇽으로 상당히 많은 은괴가 운송되어 교황이 죽자 사람들은 그가 4800마르가 넘는 은, 다시 말해 은괴의 형태로 1000킬로그램이 넘는 은을 받았을 거라고 짐작했다. 마찬가지로 성왕 루이가 13세기 중반에 감행한 십자군 원정은 자금을 대부분 은괴로 공급받았다. 그러한 은괴는 13세기에 플랑드르와 아르투아, 레나니아, 랑그독, 론 계곡, 심지어 이탈리아에서도 널리 유통되었다. 그렇지만 이탈리아에서는 화폐가 부족하지 않았고 널리 유통되었다. 예를 들어 1288년 발생한 유명한 멜로리아 해전에서 제노바에 패한 피사는 바로 은괴로 2만 마르의 배상금을 지불했다. 중부와 동부, 북부 유럽에서는 주괴 형태의 화폐 유통이 늘어났다. 이러한 나라들의 군주정 및 정치 체제에는 일상생활에서 현금을 거의 사용하지 않는 서민과 달리 많은 현금이 필요했으니만큼 이런 경향은 더욱더 강해졌다. 덴마크, 발트 해 연안, 폴란드, 헝가리가 그러했다. 13세기 말경, 기독교 사회의 주요 상업 지역들은 일반적으로 유통될 뿐 아니라 화폐로 쓰이는 은괴를 규제하고 거기에 세금을 부과하는 데 전념했다. 1273년 베네치아에서 그리고 1299년 네덜란드에서 그러했다. 대부분의 은괴에는 시의 보증 문양을 새겨 넣었다. 세 가지 은괴가 13세기 유럽에서 주로 유통되었는데, 은의 순도는 다소 달랐다. 우리가 조금 전에 말했던 모델을 제외하면 아시아에서 비롯된 한

가지 모델이 지중해와 북해에서 우세했으며 세 번째 모델은 북부 유럽에서 우세했다. 러시아에서는 다른 두 가지 유형의 은괴가 유통되었다. 하나는 소위 키예프 유형이었고 다른 하나는 노브고로트 유형이었다.

통화에 관련된 한 가지 징후로, 각 나라와 전체 기독교 사회의 무역에 점점 더 많은 화폐가 필요했음을 보여주는 신호는 순도가 더 높은 은화, 즉 '그로소'의 등장이었다. 이탈리아 북부에서 그러한 은화가 등장했다. 이는 국제 무역에서 해당 지역이 담당한 역할로 보아 놀라운 일이 아니다.† 1162년 프리드리히 바르바로사가 밀라노에서 이전에 발행된 화폐보다 은이 두 배 더 많이 포함된 데나로를 만들긴 했지만, 진정한 최초의 그로소는 1194~1201년 베네치아에서 주조되었으며, 십자군 병사들이 베네치아에 넘겨준 4만 마르의 은이 그로소 화로 주조되었다. 새로운 그로소의 무게와 시세—26피콜로(작은 데나로)로 결정—는 진정한 통화 체계에 연결되었으며, 그러한 체계에서 데나로와 그로소는 비잔틴의 히페르피론에 연계되어 있었다. 13세기 초에는 제노바가 그러한 움직임을 보였고, 1218년에는 마르세유, 1230년대에는 토스카나의 도시들, 끝으로 베로나, 트렌토, 타이롤이 각각 뒤를 따랐다. 1253년 1솔도, 다시 말해 12데나로의 가치를 지니는 그로소가 로마에서 주조되었다. 앙주의 샤를은 이탈리아 남부와 나폴리에 있는 자신의 영역에서 그로소를 주조했다. 베네치아의 마타판과 경쟁한 것은 바로 나폴리 왕국의 화폐였다. 성왕 루이도 1266년 투르에서 그로소, 그러니까 프랑스어

† 이어지는 몇 쪽에 걸친 내용은 다음 책에 실린 마르크 봉페르의 글에서 많은 신세를 진 것이다. Philippe Contamine, Marc Bompaire, Stéphane Lebecq, Jean-Luc Sarrazin, *L'Economie médiévale*, Paris, Armand Colin, 3e édition 2003, p. 251~267.

로 그로 화를 주조했다. 그로소는 14세기 초에야 비로소 네덜란드와 레나니아에서 주조되었다. 그곳에서는 소규모로 번성하는 무역에 맞추어 그로소보다 가치가 더 낮은 은화가 선호되었다. 그로소는 1350년에야 비로소 영국에서 주조되기 시작했다. 그와 반대로 지중해 연안의 도시는 13세기 말에 몽펠리에, 바르셀로나처럼 그로소 화를 가지고 있었다.

틀림없이 새 화폐인 그로소가 가장 유용하고 많이 이용되긴 했지만, 13세기에 화폐의 진화 과정에서 가장 눈길을 끄는 사건은 금화가 다시 주조된 것이다. 기독교를 믿는 유럽 사회에서는 단지 변방지역에서 비잔틴 제국 사람들, 이슬람교도와 관계를 유지하기 위해 소량으로만 계속 금화를 주조했다. 살레르노, 아말피, 시칠리아, 카스티야, 포르투갈에서 그랬다. 상기시키거니와 이러한 금화들은 특히 아프리카의 수단이나 모로코 남부의 시드질마사에서 건너온 금가루로 만들어진 것이다. 그러한 금화는 아프리카 북부의 마라케시에서 주조되었으며, 튀니스나 알렉산드리아에서 더 많이 주조되었다. 그리하여 두 차례의 십자군 원정을 감행하는 동안 성왕 루이는 화폐 주조소를 파괴하기 위해 그 지역으로 향했던 것이다.

유럽의 첫 번째 금화는 1231년부터 시칠리아에서 프리드리히 2세가 주조한 아우제우스 금화였다. 하지만 이 화폐는 아프리카 산 금, 이슬람 세력과 인접한 비잔틴 제국 변방의 금화에 결부되어 있었다. 진정한 유럽의 첫 번째 새 금화는 1252년 제노바와 피렌체에서 동시에 나타났다. 바로 제노바 금화와 피렌체 금화인 플로린인데, 각각 성 세례 요한의 얼굴과 백합 문양이 그려져 있었다. 베네치아는 1284년부터 그리스도와, 총독에게 축복을 내리는 성 마르코의 모습이 그려진 두카토 금

화를 주조했다. 지중해 지역에서 유통된 이 금화와 경쟁할 만한 화폐는 없었다. 1260년경 영국의 헨리 3세와 프랑스의 루이 9세의 금화는 실패작이었다. 상당한 화폐가치를 지닌 이런 금화에는 중세의 상상세계에 속하는 도상이 표현돼 있었다.

역시 13세기에 상당히 발달한 세 번째 층위의 화폐 유통을 잊지 말자. 다시 말해 낮은 가치의 화폐, 저품위 보조화폐로, 이런 화폐는 특히 도시에서 일상생활의 갖가지 필요를 충족시켰다. 그러한 보조화폐는 종종 '검은 돈'이라 불렸다. 그렇게 해서 베네치아에서는 엔리코 단돌로 총독이 13세기 초에 2분의 1데나로에 해당하는 작은 동전을 주조했다. 우리의 긴 13세기 말에 피렌체에서 가장 빈번하게 주조된 화폐는 콰트리노, 혹은 일반적으로 둥그스름한 빵 하나의 가격에 해당하는 4데나로짜리 동전이었다. 통상 이 작은 주화로 자선을 베풀기도 했다. 13세기에는 자연스러운 사회변화에 의해, 그와 동시에 탁발수도회의 가르침과 설교의 영향을 받아 자선 행위가 확산되었다. 그리하여 왕령으로 파리에서 주조된 드니에는 '자선 행위의 드니에'가 되었다. 성왕 루이는 가난한 사람들에게 대대적으로 작은 주화를 나눠준 인물이었다.

은화에 이어 새로이 금화가 주조되면서 양본위제가 복구되었다. 아니 오히려 알랭 게로가 적절하게 사용한 용어에 따르면 삼본위제가 복원되었다. 화폐의 역사를 연구하는 학자들은 더 중요해지는 낮은 가치의 주화, 일반적으로 구리로 된 주화, 이를테면 저품위 보조화폐처럼 가치가 낮은 주화를 그다지 고려하지 않았던 것이다. 가치가 낮은 주화는 점점 더 중요해졌는데, 이는 거의 모든 계층의 사람들이 참여하는 상당히 소소한 거래에까지 화폐 사용이 확대되었음을 입증한다. 시골은 통념과 달리 이러한 움직임에서 멀리 떨어져 있지 않았고, 화폐는 마르크 블로크가 기술한 제2기 봉건사회 곳곳에 스며들어 있었다. 1170년부터 피카르디†에서는 정액지대와 새로운 부과조의 액수가 대개 드니에 혹은 화폐가치로 정해졌다. 1220~1250년, 유럽의 많은 지역에서 대부분의 농업 개발 부담금을 현금으로 불입할 수 있었다. 실제로 부유한 농민들이 그러했으며, 진정한 땅시장이 존재하지 않았다 해도 토지 구입은 재산이 많은 농민 계급에 힘을 실어주었고 화폐 사용은 언제나 사회 변화에 연계되어 있었다. 거기에 점점 더 늘어난 각종 물품을 가치가 낮은 화폐로 지불한 상황을 덧붙이자. 그러면 13세기에 화폐가 가치 보유 기능을 완전히 되찾는다는 사실을 이해할 수 있을 것이다. 더군다나 축재 움직임이 다시 나타나고 확대되었다. 그러한 움직임을 보여주는 극단적인 사례로 1264년경 브뤼셀의 수장고에는 주화 14만 개가 숨겨져 있었다. 일상적으로 사용되는 주화, 즉 드니에는 이러한 수장고에 점점 더 많이 쌓여갔다. 화폐 유통은 여전히 세분화되어 있었지만, 지역의 틀 내에서 체계화되어 어떤 영역에서 유통되는 다양한 화폐들의 가치 비율은 다소 고정되어 있었다. 화폐의 역사를 연구하는 학자들은 독일의 긴 13세기를 '지역 차원의 드니에의 시대'라고 말했다. 화폐 유통이 이렇게 지역화되면서 전문 환전상 계급이 등장했다. 이들은 점차 상당히 늘어나 사회에서 점점 더 높은 자리를 차지하게 되었다. 부와 위세가 증대한 결과 샤르트르에서 그들은 고딕 성당의 유명한 스테인드글라스

† Robert Fossier, *La Terre et les hommes en Picardie jusqu'à la fin du XIIIe siècle*, Paris-Louvain, 1968.

가운데 두 개를 설치하는 데 자금을 댔다. 환전상의 직업적 지위를 보여주는 가장 오래된 예 가운데 하나가 1178년 생질에서 나타났으며 거기에는 133명의 이름이 포함되어 있었다. 우리에게 전해 내려온 궁정소설 《브르타뉴의 갈르랑(Galeran de Bretagne)》에는 1220년경에 활동한 메츠의 환전상이 생생히 묘사돼 있다.

그렇지만 환전상들은 1299년에야 비로소 피렌체에서 법적인 지위를 얻었다. 브뤼헤에서는 환전을 담당하는 공직이 네 개에 불과했고, 파리에서는 그 직업이 엄중한 감시를 받았으며, 아직 자체 조직을 갖고 있지도 않았다. 비록 환전상들이 도시의 엘리트 계층에 속하고 그런 자격으로 여러 행렬과 왕족을 접견하는 자리에 나타나긴 했지만 말이다. 화폐를 사용하는 것과 화폐 전문가들의 법적인 위상은 중세에 불신과 사회적 지위 상승 사이를 왔다 갔다 했다. 어떤 이유로 불신이 강해진다면 경멸, 심지어 증오로 감정이 악화될 수 있다. 유대인의 사례가 그랬다. 유대인들은 서민들에게 오랫동안 돈을 빌려준 주요 대부업자였는데 기독교인들이 그들을 제치고 이러한 역할을 맡았으며, 유대인들은 단기 고리로 돈을 꾸어주는 노릇만을 해야 했다. 하지만 그들은 여전히 돈의 험상궂은 얼굴을 구현한 존재였으며, 성경과 복음서가 돈을 경멸한 결과 오늘날까지 돈의 저주를 받은 사람들로 남았다.

공제 사례의 증가와 그 원인

이렇게 상대적으로 대량 유입되는 화폐가 진보를 의미하긴 했지만 인플레이션이 확대되는 결과를 낳기도 했다. 이러한 인플레이션에 의해 화폐가 더 많이 필요해진 영주나 땅 주인들은 상당한 어려움을 겪었다. 왕과 제후들은 (이를테면 프랑스에서는 다양한 관료와 법관, 왕의 이름으로 재판하는 대법관, 지방 판관과 같이) 그들에게 전적으로 충성을 바치는 행정 기구를 통해 자신의 영지와 왕국에 대한 지배력이 증대되는 상황을 유리하게 이용했다. 그리하여 백성들에게 압력을 행사해 현금을 얻었다. 아직 정기적인 세금을 부과할 수 없어, 그들은 각종 세금을 징수하고 부과조를 현물에서 현금으로 전환시켰다. 이것이 권력 강화의 토대 가운데 하나가 되었다. 이러한 정책은 1187년부터 플랑드르의 백작령에서 그리고 필리프 오귀스트 치하의 프랑스 왕국에서 체계가 잡혔다. 특히 네덜란드와 이탈리아에서 행정과 재정 분야의 독립을 획득한 도시들은 그와 동일한 정책을 폈다. 일반적으로 영토를 가진 도시들은 그 영토를 개발하여 이익을 취했다. 1280년 토스카나의 피스토이아 시는 농민들에게 시민들보다 여섯 배나 높은 세금을 부과했다. 1175년경부터 천천히 확대되긴 했지만 돈과 봉건제가 양립할 수도 있음을 여실히 보여주는 제도가 나타났다. 영주들이 일부 봉신들에게 준 봉토는 땅도 용역도 아닌 정기적인 수입으로 이루어졌다. 그러한 봉토를 연금 봉토 혹은 주머니 돈 봉토라고 했다. 전례가 있었다. 996년 우트레흐트 교회는 어떤 기사에게 땅이 아니라 매년 12리브르의 연금을 드니에로 주기로 하면서 그를 봉신으로 만들었던 것이다. 특히 12세기 말부터 연금 봉토는 네덜란드에서 빠르게 확대되었다.

경제, 주로 상업 교역은 이렇게 증대되는 화폐 유통의 토대였는데, 중세에 가장 비싼 대가를 치렀던 것은 아마도 거의 끊이지 않았던 전쟁이었을 것이다. 화폐의 중요성이 증대되어 적을 죽이는 것보다 포로로

잡아 몸값을 얻어내는 편이 더 이익이 되었기 때문에 생각보다 인명 살상이 더 적긴 했지만—성지에서 돌아오는 길에 붙잡힌 사자심왕 리처드의 몸값, 이집트에서 이슬람 교도의 포로가 되었던 성왕 루이의 몸값을 생각해보자. 그 둘 모두 금액이 상당히 많았다—군대를 무장시키는 데에는 막대한 비용이 들었다. 영국의 실지왕 존은 부빈 전투(1214)에 참가하지 않았지만 동맹국 군대를 위해 4만 마르의 은을 지불했다. 다른 곳에서 나는, 조르주 뒤비가 훌륭하게 보여주었듯이, 기사들의 대제전인 마상시합은 오늘날 돈이 상당히 많이 몰리는 스포츠 시합에 비교할 만하다는 점을 지적했다. 그러한 마상시합은 금지하려는 교회의 온갖 노력에도 불구하고 살아남았다. 지출은 주로 왕실 조신들과 제후의 신하들, 그리고 고위 부르주아 계층의 사치스러운 생활로 대폭 늘어났다. 13세기 말에 호화로운 생활(향신료와 고급 음식, 무엇보다 비단과 모피를 비롯하여 상당히 돈이 많이 드는 여성의 옷차림, 음유시인에 대한 보수 등)에 드는 비용이 늘어나면서 일부 왕과 제후, 시는 지나친 사치를 제지하기 위해 사치 단속령을 발표했다. 1294년 미남왕 필리프는 특히 부르주아를 겨냥한 칙령을 내놓았으며 이는 "의복에서 드러나는 지나친 사치에 관련되어" 있었다. 그렇게 해서 부르주아 계층은 더이상 모피를 두를 수 없게 되었고, 금으로 된 물품, 보석, 금관이나 은관을 지니고 다니지 못했으며, 투르에서 주조된 화폐로 남자의 경우 2000리브르, 여자의 경우 1600리브르 이상의 값을 치러야 하는 의복은 입지 못했다. 그리고 14세기 토스카나에서는 도시의 각종 법령으로 결혼할 때 화려한 복장, 선물, 연회, 결혼 행렬에서 호사스럽게 과시하는 행위를 엄금했다.† 1368년 샤를 5세는 끝이 뾰족하게 쳐들린 그 유명한 구두를 금했는데 큰 성공을 거두지는 못한 것으로 보인다. 의미심장하게도 13세기에 세워진 아미앵 성당에는 우리가 살펴본 대로 두 명의 대청 상인을 표현한 작은 조각상이 있었다. 염료용 식물인 대청의 무역은 13세기에 청색 의복 수요가 증가함에 따라 놀라울 정도로 발달했다. 신성한 장소에서 패션, 사치, 화폐가 끌려나와 드러나는 것이다!

† Céline Perol, "Le mariage et les lois somptuaires en Toscane au XIVe siècle", J. Teyssot(dir.), *Le Mariage au Moyen Age XIe-XVe siècle*, université de Clermont-Ferrand II, 1997, p. 87~93.

06

화폐와 여러 정체의 탄생

긴 13세기의 절정에서 화폐의 비상이 가장 잘 드러나는 영역으로 사료에서 말하는 정체(正體)의 정립을 들 수 있다. 13세기와 14세기의 정체는 봉건제에서 완전히 벗어나지 않았다. 이는 단지 프랑스혁명의 결과일 따름이다. 그렇지만 군주정의 권력, 대표 기구의 등장, 법과 행정의 발달은 그러한 정체의 형성에 결정적인 역할을 했다. 정체는 특히 화폐가 13세기에 특별한 중요성을 띤 분야, 바로 세제에서 모습을 드러냈다. 영주의 부과조가 존재했으며, 제후와 왕은 자신의 영지에서 소득을 얻었고, 화폐 주조권으로 이익을 취했으며 특별세를 징수했다.

재무 관리

이 가운데 시기상 가장 앞서고 압도적인 체제이자 화폐를 제일 많이 조달받은 것은 교회, 다시 말해 교황청의 정체였다. 교황청은 토지에서 그리고 교황의 직접 지배를 받는 도시들에서 나오는 소득을 거두었으며 이러한 수입은 일명 성 베드로의 재산이었다. 교황청은 한편으로 기독교 사회 전역에서 특별한 십일조를 받았다. 사실 십일조는 기독교 사회 전역에서 성직자들의 생계를 보장하는 데, 예배당을 유지하는 데, 가난한 사람들을 지원하는 데 쓰였다. 각종 경비가 증가하면서 교황청에 십일조가 제대로 들어오지 않았다. 따라서 교황청은 제4차 라테라노 공의회(1215)의 계율 32에서 의무로 부과되는 십일조의 성격을 상기시켰다. 교황청에 지불해야 할 최소한도의 금액도 정해두었다. 교황청은 13세기에 구조조정을 실시했으며 생계의 원천인 여러 세원(稅源)은 교황과 교황청의 재량에 달려 있었다. 그러한 세원은 봉건제의 정액지대, 성직록 수여 수입, 성직록을 받는 자리가 공석일 때 수령자가 없는 성직록에서 거둬들이는 소득이었다.

11세기 말 교황청은 얼마간의 시기 동안 상당한 힘을 가졌던 클뤼니 회로 하여금 교황청의 재무를 관리하게 했다. 하지만 12세기에 교황 정치 체제는 정액지대와 각종 소득 그리고 기부금을 수령하고 이체하는 일을 교황청의 재무 관리기구가 직접 통제하도록 했다. 교황 인노켄티우스 3세(1198~1216)는 라테라노에서 곁에 머물렀던 추기경을 이러한 재무 기구인 카메라(camera)의 수장 자리에 두었다. 교황령의 부동산 자산 관리, 로마 교황청의 소득 수령, 교황궁 관리 업무를 맡은 이가 바로 교황청의 재무를 담당하는 추기경(camerarius)이었다. 빈 공의회(1311)는 교황이 사망해 교황직이 공석일 때 추기경단이 새로운 재무 담당 추기경을 임명한다고 결정했다. 재무 관리를 위해 교황권은 13세기부터 교황청과는 관계가 없었지만 '교황청의 환전상(campsor camerae)'이라는 칭호가 붙은 은행가들에게 도움을 청했으며, 우르비누스 4세(1261~1264) 이래로는 교황청이나 교황의 상인들(mercator camerae 혹은 mercator domini pape)에게 도움을 청했다. 그레고리우스 10세(1271~1276)는 자신이 태어난 피아첸차 시의 금융 가문, 그러니까 스코티 가 사람들을 교황청으로 데려왔다. 13세기 말 교황의 은행가들 가운데 가장 중요한 금융 가문이 모치 가, 스피니 가, 키아렌티 가였다. 이 은행가들은 교황청의 모든 지출 업무를 맡았다. 다시 화폐가 많이 필요해져 교황제는 새로운 소득, 예를 들어 12세기 말에 연옥이 존재한 이래 교황이 승인한 면죄부에 대한 보상금을 마련했다. 연옥은 1274년 리옹의 2차 공의회에서 교리로 인정받았다. 우리가 알고 있는 대로 이러한 보상금을 16세기에 루터가 탄핵한 바 있고, 이는 가톨릭에서 개신교회가 떨어져 나가는 원인 가운데 하나가 되었다. 교황제의 재무와 세제 틀은 교황이 아비뇽에 머물렀던 14세기에 최적화되었다. 우리는 앞으로 그 내용을 살펴볼 것이다. 교황제라는 틀 내에서 화폐가 차지하는 자리가 커지고 화폐 관리가 진전되는 가운데 교황은 1247년 화폐의 신전이 되었다며 교황제를 신랄하게 비난하는 성왕 루이의 편지 한 통을 받았다. 13세기에 기독교를 믿는 주요 군주정에서 왕의 재무를 관리하는 특별 기구가 발달했다. 대개 그렇듯이 영국 군주정이 가장 빠르게 움직였다. 영국의 군주정은 노르망디 공국에서 탄생한 선구적인 기구를 도입해 세련되게 다듬었다. 그렇게 해서 12세기부터 플랜태저넷 가 출신의 헨리 2세(1154~1189)는 어떤 관리 기구를 마련했다. 정당하게도 그에게는 '유럽의 첫 번째 화폐 왕' 이라는 수식어가 붙었다. 그러한 기구는 체스판(체스 게임은 12세기에 동방 세계에서 서구사회에 수입되었다) 형태의 커다란 테이블을 사용해 익스체커(exchequer, 체스판)라고 불렸으며, 1179년경 리처드 피츠닐이 《재무 관리(Dialogus de Scaccario)》에서 잘 묘사했다. 당시 그 기구에는 두 개의 부서가 있었다. 하나는 상당액의 돈을 수령하고 불입했으며, 다른 하나는 일종의 회계법원으로 각종 수치를 감독했다. 그러한 기구의 수장은 14세기 말까지는 성직자 계급에 속했다. 그는 휘하에 네 명의 남작과 두 명의 출납 부국장(deputy chamberlain)을 두었다. 회계는 두루마리(rolls)에 기록되어 있었는데 그것은 헨리 2세 이래로 지속적으로 남아 있었다. 장 필리프 주네에 따르면 그것이 "서구사회의 여러 군주정이 만든 행정 기구 가운데 가장 시기가 이르고 정교한 것 가운데 하나"였다.

정부에 대한 유명한 개론서로 중세 정치에 관한 최초의 뛰어난 저작인 《폴리크라티쿠스(Policraticus)》에서 특히 헨리 2세의 자문관이었던 솔즈베리의 존은 군주정의 세제 문제를 다루었다. 그에게는 경제가 아니라 정의의 문제가 관건이었다. 당시 경제에 관한 관점은 아직 존재하지 않았던 것이다. 왕은 자신의 이익이 아니라 왕국의 모든 백성의 이익을 위해 화폐 유통을 보장하고 감독해야 했다. 중요한 것은 통치자의 부가 아니라 모든 백성의 이익을 위해 올바르게 통치하는 것이었다. 군주정의 세제는 경제 문제가 아니라 정치 윤리의 문제와 연관돼 있었다.†

† Cary J. Nederman, "The virtues of necessity: labor, money and corruption in John of Salisbury's thought", *Viator*, n° 33(2002), Berkeley, University Press of California, p. 54~68.

영국의 화폐는 십자가가 새겨진 페니와 갱강의 페니를 중심으로 통합되었는데 이것은 틀림없이 12세기 말부터 제후가 시행한 화폐 정책의 한 가지 사례였다. 1174년 카탈루냐와 아라곤, 1178년 툴루즈 백작령이 그와 유사한 예를 제공했다.

프랑스의 사례

프랑스의 왕은 자국의 재무관리 체계를 조직하는 데 그보다 덜 민첩했다. 13세기 초 필리프 오귀스트 치하에서 진지하게 재무관리 체계를 구축하기 시작했으며 그러한 작업이 성왕 루이 치하에서 대단히 진보했다. 13세기 말에야 비로소 조정의 한 분과가 떨어져 나와 회계법원을 형성했다. 그 기구는 미남왕 필리프 치하(1285~1314)에서 규정되었고 1320년 장신왕 필리프 5세에 의해 비비에앙브리의 칙령을 통해 확립되었다. 거기에는 두 가지 주요 기능이 있었다. 회계 확인 그리고 회계 관리 업무 전체를 감독하는 것이었다.

대부분의 왕의 재원은 왕령에서 나왔다. 그 시대의 표현에 따르면 왕은 "자기 것으로 삶을 영위했다". 13세기에는 다른 재원, 그러니까 왕의 주권 행사, 재판, 화폐 주조에서 얻는 보수가 중요했다. 확장일로에 있어 돈이 더 많이 필요하던 군주 국가에서 기존 수입이 충분치 않았기 때문에 미남왕 필리프는 왕의 경상세를 제정하고 특별 예산을 창설하려고 애썼다. 수출품, 시장과 재고품에 부과되는 간접세—maltôte라고 명명된 세금으로 이렇게 끌어낸 것은 과오였다—를 확정하려 했으나 그러한 세금은 과세지 세무 감독을 초래했기 때문에 상당히 나쁘게 받아들여져 결국 실패로 돌아갔다. 당시 왕권이 고려한 것은 기득 재산, 소득, 가족 집단에 부과되는 직접세, 혹은 호별세였다. 이 모든 시도는 무산되었고, 중세 프랑스는 현대 국가로 변형되는 데 소요되는 자금 운용 계획을 제대로 수립하지 못했다. 그렇게 해서 돈은 프랑스에서 그리고 일반적으로 기독교 사회에서 군주정 구축에 아킬레스건이 되었다.

13세기의 프랑스, 특히 성왕 루이 치하(1226~1270)의 프랑스는 중심 권력이 재정 분야에 행사하는 영향력을 살펴볼 수 있는 좋은 예를 제공한다. 재정 분야라면 중심 권력의 활동에 자금을 대는 일, 특별한 유형의 화폐 주조자로 처신하는 것, 군주정의 예산을 편성하는 일을 말한다. 화폐 주조에 대해 상위의 권한, 더군다나 왕의 독점을 주장하니 특별한 유형의 화폐 주조자인 것이다. 이 분야에서 성왕 루이가 보여준 대부분의 활동은 1260년대 말에 일어났다. 그때 화폐가 새로운 자리를 차지했고 이어 여러 문제들이 나타났는데 이런 사실들은 기독교 사회 전역에서 자명해졌다.

성왕 루이는 칙령을 통해 행동하기로 결심했다. 이러한 중대한 행위의 본질만이 13세기 한 군주국 정부에서 화폐가 으뜸가는 자리를 차지했음을 보여준다. 실제로 일련의 칙령을 통해 성왕 루이는 프랑스의 화폐 주조와 유통 과정 그리고 이 분야에서 왕이 수행하는 역할을 전면 개편했다. 마르크 블로크는 다음 두 가지 원칙을 제기한 1262년의 칙령이 가장 결정적인 역할을 했다고 생각했다. 왕의 화폐는 왕국 전역에서 효력이 있으나 화폐 주조권을 가진 영주들의 화폐는 단지 그들의 땅에서만 유효하다. 1265년에 포고된 다른 두 칙령은 1262년의 칙령을 분명하게 밝혔다. 1266년 7월의 중대한 칙령에 의해 파리에서 주조되는 드니에를 다시 주조하고 투르에서 주조되는 그로 화를 만들도록 정해졌다. 끝으로 실패로 돌아간 1266~1270년 한 칙령에 의해 에퀴 금화가 만들어졌다. 이 금화에 대해서는 나중에 다시 언급할 것이다.

루이 9세는 1266년 이전부터 자신의 왕국에서 사용되는 화폐에 관심을 가졌다. 그는 투르에서 주조되는 드니에만을 발행했지만 자신의 화폐에 특권이 따르는 시세를 보장해주는 데 몰두했고 화폐 유통에 관해서는 임시방편책을 내놓았다. 에티엔 푸르니알이 열거한 조치들은 다음과 같다.†

1) 투르에서 주조된 화폐와 파리에서 주조된 화폐는 필리프 오귀스트가 사망(1223)한 이래 더 주조되지 않았다. 1263년 그 화폐들은 틀림없이 유통되었고 왕에게 갚아야 하는 부채를 청산하는 화폐로 받아들여졌다.
2) 1265년 그 두 화폐의 가치 비율은 파리 주조 화폐 1드니에가 투르 주조 화폐 2드니에에 해당하는 것으로 정해졌다.
3) 이 시대에는 화폐 위조가 빈번했다. 왕은 자신의 화폐를 모방하여 위조한 드니에, 다시 말해 푸아티에에서 주조된 화폐, 프로방스에서 주조된 화폐, 툴루즈에서 주조된 화폐 사용을 금했다. 이는 북부에 자리 잡은 프랑스 군주정의 권위가 남부 프랑스에도 부과되었음을 의미한다.

† E. Fournial, *Histoire monétaire de l'Occident médiéval*, Paris, Armand Colin, 1970, p. 82~83.

4) "민중은 투르에서 주조된 화폐와 파리에서 주조된 화폐가 충분하지 않다고 생각하기 때문에" 낭트에서 주조된 방패 문양의 화폐, 앙주에서 주조된 화폐, 르망에서 주조된 화폐, 그리고 옛 영국 화폐의 유통도 잠정 허가되었는데 공정 금액은 왕국 재무부가 정했다. 그 가격이 준수되지 않으면 우선 벌금이 부과되고 다음에는 몰수가 뒤따랐다. 프랑스 남부의 제후들이나 영국의 화폐를 금지했는데, 이는 단지 왕의 화폐의 우위를 강요하려는 의도뿐만 아니라 왕의 화폐 주조소에 흰색 금속(은을 말한다—옮긴이)을 더 많이 공급하려는 의도에도 상응했다. 중세 대부분의 시기에 기독교 사회는 광산 자원이 상당히 빨리 고갈되었을 뿐만 아니라 광산의 수도 적었기 때문에 흰색 금속의 부족으로 어느 정도 통화 기근의 위협에 직면했다는 사실을 잊지 말아야 한다.

1266년 7월 24일의 칙령으로 확립된 루이 9세의 주요 화폐 개혁안은 다음과 같다. 안타깝게도 우리는 그 전문을 갖고 있지 않다.

1) 파리에서 주조되는 화폐 제조의 재개.
2) 투르에서 주조되는 그로 화의 제조.
3) 에퀴 금화의 제조

마지막 두 조치가 보여주는 바에 의하면 프랑스는 거래량이 늘어나는 상황에 대응하기 위해 가치가 높은 은화와 금화의 제조를 재개하는 조치를 취했다. 프랑스는 이탈리아의 상업 도시들에 비해 조금 늦게

이런 조치를 취했으며, 이 두 조치는 13세기 화폐와 관련해 가장 중요하다. 투르에서 주조되는 그로 화 주조가 틀림없이 가장 중요한 조치였을 것이다. 상당한 가치를 지니는 이러한 유형의 화폐는 내가 말했듯이 일명 '13세기 상업혁명'의 틀 내에서 성장하는 프랑스의 무역에 잘 부응했다. 그러한 화폐의 수준은 가치가 지나치게 높은 금화의 수준에는 이르지 않았다. 서구사회 대부분의 지역에서는 여전히 지나치게 가치가 높은 금화를 사용해 상업 활동을 했다. 이러한 그로 화는 제후들이 주조하는 것을 금지함으로써 더욱 탄탄한 성공을 거두었다. 그로 화의 가치는 거의 투르 주조 화폐 12드니에의 가치에 상응했다. 성왕 루이의 치세는 14세기부터 프랑스인들의 기억 속에서 거의 신화가 되었는데("행복했던 성왕 루이 전하의 시절") 나중에 성왕 루이의 그로 화를 "두 개의 동그란 o가 들어 있는 그로(gros)"라고 했다. 그 화폐의 명문에 있는 lvdovicvs와 tvronvs에는 다른 문자보다 더 커다란 o가 들어 있었기 때문이다. 성왕 루이의 그로 화는 오랫동안 다른 그로 화보다 더 높은 평가를 받았고 심지어 13세기 말과 14세기의 갖가지 화폐 변동에도 버텨냈다. 그와 반대로 틀림없이 시기상조였을 것으로 보이는 에퀴 금화는 실패했다.

성왕 루이는 왕국의 재무 관리를 혁신하지 않았고 12세기에 등장한 재무 담당 관리와 루이 7세가 임명한 재무 담당 환전상들에게 계속 의존했으며, 무엇보다 루이 7세의 결정을 유지했다. 그러니까 왕국의 국고를 파리의 성당기사단 교회에 맡긴 것이다. 이를 통해 중세 중기에 우리가 말하는 국가수반을 대리하여 재무를 관리한 대수도회가 수행했던 역할을 이해할 수 있다. 12세기부터 클뤼니 수도회가 교황청의 수입과 재정을 관리한 것이나 12세기 중반에서 1295년 프랑스 군주정을 위해 성당기사단이 수행한 역할이 이런 사례에 해당한다. 당시 국고를 성당기사단에서 끌어내 루브르에 두었으며, 이후 14세기 초에 다시 세워진 시테의 왕궁에 넣어두었다.

왕국의 한 구역에서 재정 사안을 담당한 인물이 왕의 이름으로 재판하는 대법관(bailli)이었으며, 그러한 구역을 대법관 관할구라고 했다. 그는 양도세, 숙박권 매입세, 시에서 부과조로 바치는 현물, 왕의 세금, 왕의 인감이 찍힌 문서의 관인세, 유대인들의 부과조를 받았으며, 1287년 물과 삼림을 특별 관리하는 기구가 구성되기까지 목재 소득을 거둬들였다. 그가 1238년부터 왕의 금고에서 지출한 내역은 이러했다. 봉토와 대법관 관할구의 수입 중에서 왕이 할당하는 연금, 각종 사업, 그러니까 성, 관저, 주택, 곡물 창고, 감옥, 풍차, 도로, 왕 소유의 다리 건설이나 수리 등이었다. 왕국의 재산, 특히 군주의 특별한 재원인 왕령의 재산을 산정한 가장 오래된 문서는 1222년 로잔 교회의 고위 성직자가 쓴 글이다. 이 글은 필리프 오귀스트 왕이 상속받을 때 그의 재산을 월 1만 9000리브르, 다시 말해 연소득 22만 8000리브르로 추산했다. 이러한 소득은 그의 아버지인 루이 7세가 남겨준 것이었다. 한편 자신은 향후 루이 8세가 되는 아들에게 파리 주조 화폐로 하루 1200리브르, 연소득 43만 8000리브르를 물려줄 준비가 되어 있었다. 이러한 수입으로 군주정은 13세기 초 프랑스 왕국에서 교황청에 이어 가장 부유한 조직이 되었다. 13세기 동안 프랑스 왕은 시장과 정기적으로 열리는 장에서 판매되는 상품에 세금을 부과해 일명 시장세(tonlieu)를 받았다. 왕은 여행객들과 그들의 상품, 운반 수단, 운송 동물들에 대해 수많은 통행료를 받아냈다. 이러한 세금은 도로와 다리 입구에서, 다리와 하천 위에서 징수했다. 어떤 일에 종사하려면 왕에게 현물과 현금으로 세금을 내야 했다. 주괴 혹은 사용한 주화를 다시 녹여 화폐를 주조하는 경우에 왕은 조폐세를 받았다. 그와 마찬가지로 도량형의 원기를 사용하는 데 붙는 세금도 받았다. 그는 이방인들과 사생아들을 물려받았으며 유대인 고리대금업자에게 부과되는 세금을 징수했다. 왕령의 주요 재산인 '삼림'을 들먹이며 왕은 벌목, 어업, 제방과 풍차 건설에서 상당한 수입을 얻었다. 화폐가 부족할 때 특히 도시들에 차입금을 바치게 할 수 있었다. 왕실 관저의 지출은 대부분 관인 수입에 의해 보장되었다. 그리하여 왕이 한편으로는 재산 소유주로서 다른 한편으로는 주권자로서 각종 수입을 거둬들였다는 것이 이해가 된다. 백성들이 세금을 현금으로 납부했기 때문에 국고 출납원들은 이러한 화폐와 계산화폐인 리브르의 비율을 정확히 알아야 했다. 그런 화폐와 계산화폐인 리브르, 그보다 하위에 있는 화폐로 파리에서 주조된 은화나 투르에서 주조된 은화의 비율이 매일 변화하는 양상을 알 수 있었다. 왕실 회계의 확인 기구는 우리가 살펴본 대로 14세기 초에 비로소 조직되었으며, 이 기구는 1320년에 회계법원이 되었다. 13세기에 왕의 관료들과 징세청부업자들은 국고에 돈을 넣어야 했으며 1년에 세 번, 그러니까 성 레미기우스 축일(이 축일에 이어 만성절), 성촉절, 성모승천일, 또는 이런 대제일 후의 8일간 자신들의 회계가 정당하다는 것을 증명해야 했다.

그렇게 해서 카페 군주정은 상당히 일찍 예산을 편성하고 특히 회계 체계를 구축했다. 하지만 우리는 왕실 회계를 아주 조금 알고 있을 뿐으로, 특히 1202~1203년의 세 목록을 아는 데 불과하다. 그 목록을 출간한 페르디낭 로와 로베르 포티에는 그것을 군주정의 첫 번째 예산이라고 불렀다.† 왕정의 수입은 19만 7042리브르 12수였고 지출 금액은 9만 5445리브르인 듯하다. 1240년 마코네 지역을 획득하면서 왕령을 늘리고 영지 수입의 4분의 1을 차지한 삼림을 세심하게 유지하도록 한 성왕 루이는 매우 엄정하게 회계를 작성하도록 했다. 1234년, 1238년, 1248년의 회계가 보존되어 있으며 1248년 성모승천일에 보고한 관료와 대법관들의 회계는 대표적인 발표 사례로 간주되어 오랫동안 모델 역할을 하게 된다. 따라서 마르크 봉페르의 지적에 따르면 성왕 루이의 치세에 "화폐는 특혜받은 위세의 도구로, 통합의 한 요인이자 소득원으로 현대 국가의 탄생에 관여했다". 그는 이러한 정치적인 면모와 견주어 '화폐' 경제로 전환되는 변화가 화폐의 확산과 중요도를 높이는 데 기여했다는 점을 상기시켰다. 브라질의 역사학자 주앙 베르나르두††는 기념비적인 연구서에서 유럽의 긴 13세기에 확산된 화폐는 특히 가족 차원의 영지에서 인위적이고 개성이 말살된 국가 집단으로 이행한 것과 연관이 있다고 생각했다. 따라서 그는 화폐가 사회변화의 결정적인 요인이라고 보았다.

성왕 루이는 우선 자신들의 구원을 염려한 당대 기독교인들을 본받아 왕으로서 백성들의 구원에 전념했다. 강력한 화폐를 갖추기 위해 기울인 온갖 노력은 상업 교역에서도 정의를 유지하려는 그의 소망에서 비

† *Le Premier Budget de la monarchie française. Le compte général de 1202~1203*, Paris, Champion, 1932.

†† *Poder e Dinheiro. Do Poder Pessoal ao Estado Impessoal no Regime Senhorial. Seculos V-XV*, ed. Afrontamento, 3 volumes, 1995~2002(*Pouvoir et argent. Du pouvoir personnel à l'Etat impersonnel dans le régime seigneurial. V*[e]*-XV*[e] *siècle*). 나는 내게 이 책을 알려주고 나를 위해 그 책을 분석해준 마에르 타베라(Maer Taveira)에게 깊이 감사한다.

롯되었다. 그는 틀림없이 세비야의 이시도르가 내린 화폐의 정의를 알았고 명심했다. '모네타(moneta)'는 '경고하다'는 뜻의 '모네레(monere)'에서 나온 말이다. 왜냐하면 그 단어는 금속이나 무게에 연루된 온갖 종류의 부정행위를 경계하게 하기 때문이다. 이것은 '불량한' 화폐, 즉 위조화폐 척결 조치의 일환으로 '올바른' 화폐, '건전하고 충실한' 화폐를 사용하기 위한 노력인 셈이었다. 이런 화폐를 점점 더 많이 손에 넣은 덕에 왕은 기독교 세계에서 13세기에 훨씬 더 중요해진 소망 하나를 이룰 수 있었다. 다름 아닌 자선이다. 왕은 대대적으로 적선을 베풀었다. 일부는 현물로 다른 일부는 현금으로 베풀었다. 이 같은 예를 통해 13세기에 화폐 유통이 증대되었다는 사실을 확인할 수 있는 것이다.

독창적인 조직, 한자동맹

하나의 통치 기구는 아니지만, 어떤 조직이 12세기부터 기독교, 경제, 사회, 정치 차원에서 강대해졌고 기독교 사회의 북부와 북동부 지역을 13세기 상업혁명의 품 안으로 들어오게 했다. 바로 한자동맹이다. 한자동맹은 동부로 향하는 서구사회의 관문인 뤼베크 시가 1158년에 세워지면서 구체화되었다. 뤼베크는 신속하게 한자동맹의 중심지가 되었고 그 지위를 유지했다. 한자동맹은 이 지역 주요 상업 도시의 상인조합으로 구성되었다. 이들은 그 지역에서 활동반경을 넓혀가면서 플랑드르 사람들과 일부 독일 상인들, 특히 수가 많고 적극적으로 활동하는 쾰른 상인들의 무역을 대신했다. 독일 상인들의 첫 번째 조합은 12세기에 스웨덴의 고틀란드 섬에서 형성되었다. 그 섬의 주도인 비스비는 이중의 도시로 여기서 독일 상인조합과 스칸디나비아 상인조합은 긴밀히 협력하여 공존했다. 비스비는 뤼베크와 경쟁했으며 12세기에 러시아에서 거래하는 독일인들을 보호하는 책임을 맡았다. 그들은 매년 노브고로트에 세워진 사업소의 돈을 비스비에 기탁했다. 하지만 12세기 말부터 뤼베크는 다른 독일 도시들에 대해서도 그러했듯이 비스비보다 우세한 지위를 인정받았다.

한자동맹에 관해서는 함부르크, 뤼베크, 리가 같은 도시들에 채권 장부가 마련되어 있었고 그 덕택에 13세기부터 수치로 나타난 자료가 남아 있다. 영어 사용권에서는 한자동맹이 차지하는 부분이 미미한 것으로 드러났는데, 그에 대한 수치화된 자료가 보존돼 있다. 한자동맹에 가입한 사람들은 교역 상대에게 상당히 호의적인 체제를 부과하여 그들이 부채를 변제하게 해주었다. 이는 13세기에 대규모 무역에서 신용이 중요해지고 있었음을 의미한다. 그들은 조난 위협을 받는 선원들과 상인들의 구제를 위한 보상 체계의 혜택을 누리기도 했다. 하지만 무엇보다 납부해야 할 세금을 상세히 정한 관세표가 상당히 줄어드는 혜택을 얻었고, 이러한 세금이 인상되지 않을 뿐 아니라 어떤 세금도 제정되지 않을 것이라는 보증을 얻어냈다. 예를 들어 1252년에 플랑드르의 백작 부인에 의해 한자동맹에 가입한 사람들에게 할당된 세율이 그러했다. 대개 이탈리아인들의 관행을 따른 신용 대출은 이 분야에서 선도적인 것으로 13세기에 한자동맹권에서 널리 확대되었다. 그것은 규제를 받았으며, 도시들은 13세기 말에 거래를 공식 보증하는 채권 장부를 마련했다. 한자동맹에 가입한 사람들의 활동으로 화폐 유통이 증가했다. 이러한 상황은 동방세계에서 물물교환과 '가죽 화폐'가 지속적으로 사용됨으로써 제한되었다. 동방세계에서는 담비 가죽이 지불 단위로 간주되었다. 프스코프와 노브고로트에서는 금속 화폐 도입에 실패했는데, 이곳에서는 13세기 말에 일체의 신용 판매가 금지되었다. 화폐와 관련하여 한자동맹에 가입한 사람들은 몇 차례 성공과 실패를 겪었다. 성공은 도시들이 때 이르게 화폐 주조권을 획득한 것을 들 수 있다. 베스트팔렌과 작센 지역의 일부 도시를 제외하고 말이다. 이곳에서는 주교들이 이 권리를 가졌다. 반면 실패는, 광대한 한자동맹권에서 사용 중인 화폐 수를 줄일 수 없다는 데 기인했다. 그 결과 교역이 불편해졌고 환전에 따른 추가 비용이 발생했다. 동부에는 뤼베크의 마르크, 포메라니아의 화폐, 프로이센의 화폐, 리가의 화폐, 브란덴부르크 탈러, 서부에는 레나니아의 플로린이 있었다. 가장 널리 퍼져 있던 명목화폐는 뤼베크의 마르크, 플랑드르의 리브르였으며 그 뒤를 이은 화폐가 영국의 파운드였다. 한자동맹에 가입한 사람들은 은화에 집착했으며, 13세기 후반부터 그들 지역에 금화가 확산되는 상황을 막으려고 애썼다. 한자동맹의 사례는 중세에 화폐가 어떻게 독창적인 경제 및 정치 체제를 창설했는지 또는 이와 발맞추었는지 보여준다.

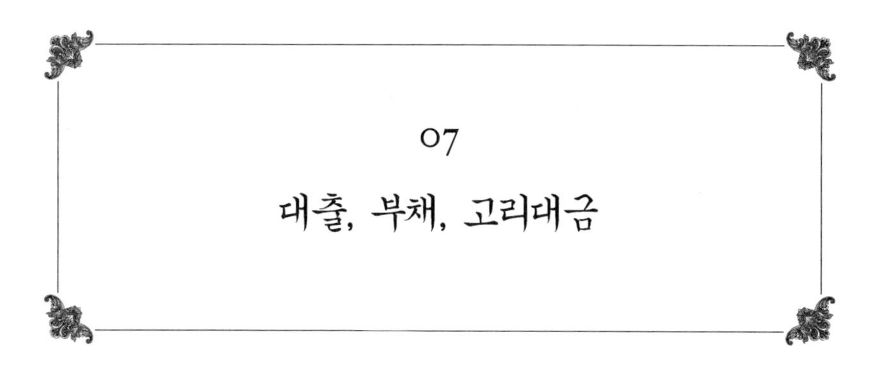

07
대출, 부채, 고리대금

12세기부터 서구사회의 거의 모든 사람을 강타한 화폐 수요의 증대로 통화량 부족은 물론이고 무엇보다 중세인들이 쓸 수 있는 금전이 부족한 상황이 초래되었다. 농민들에게 부채는 상당한 부담이었다. 왜냐하면—일반적으로 가치가 낮은—농산물은 지역 시장에서나 판매되어 이렇다 할 현금 수익을 가져다주지 못했기 때문이다. 13세기부터 대청, 대마의 예에서처럼 소위 '산업 방식의' 경작으로 각종 도구가 발달했다. 대장장이가 점점 더 중요해져 13세기에 성(性)이 등장했을 때 프랑스에서는 파브르(favre), 페브르(fèvre), 르페브르(lefèvre), 영어에서는 스미스(smith), 독일어에서는 슈미트(schmitt, 혹은 schmidt)가 생겨난 것은 물론이고 오늘날 사투리가 된 언어, 이를테면 브르타뉴어에서는 켈트어로 단조공을 뜻하는 르 고프(le goff)가 차고 넘쳤다.

이자를 받고 기독교인들에게 돈을 빌려준 유대인들

상세히 연구하기 어려운 농민의 부채에 역점을 두진 못하지만, 13세기에 피레네 산맥 동부 지역에서 유대인들이 수많은 농민들에게 대출을 해주었다는 점을 주목하자. 화폐 수요가 증가함으로써 유대인들이 재산을 늘리게 되었는데, 그 규모는 소문보다는 훨씬 더 작았다. 13세기까지 화폐 수요가 제한된 가운데 대부업체는 우선 수도원이었으며, 도시에서 점점 화폐를 사용하게 되었을 때 유대인들이 중요한 대부업자 노릇을 했다. 이 책 초반부에 인용한 성경 구절과 구약에 의하면, 이자가 붙는 대출은 어쨌거나 이론상으로 기독교인들이나 유대인들 사이에서 금지되었으니까 말이다. 하지만 유대인들과 기독교인들 사이에서는 대출이 허가되었으며 농업에서 물러나 있던 유대인들은 도시의 일부 직업, 이를테면 의학 분야에서 소득원을 찾아내 재산이 없는 도시의 기독교인들에게 돈을 빌려주었다. 가장 활발하게 화폐가 유통되었던 유럽의 몇몇 지역에서 유대인들은 상당히 일찍(12세기와 특히 13세기에) 기독교인들로 대체되었고 1290년에는 유럽에서 중요한 지역이었던 영국에서 그리고 (1306년에 이어) 1394년에 프랑스에서 결정적으로 축출되었다. 이를 통해 돈밖에 모르는 사람이라는 유대인의 이미지는 (단기 고리로 돈을 꿔주는 유대인들이 있었지만) 실제 현실이라보다는 19세기 유대인 배척주의를 예고하는 환상에서 비롯되었음을 알 수 있다.†

대출에는 자연스럽게 이자가 따랐다. 그런데 교황청은 기독교인인

† Giacomo Todeschini, "La ricchezza degli Ebrei. Merci e denaro nella riflessione ebraica e nella definizione cristiana dell'usura alla fine del medioevo", *Biblioteca degli Studi medievali*, XV, Centro italiano di studi sull'alto medioevo, Spoleto, 1989.

채권자가 기독교인인 채무자에게 이자를 징수하는 것을 금했다. 가장 자주 원용되는 원문은 "Mutuum date, nihil inde sperantes"(아무것도 바라지 말고 꾸어주어라. 누가복음 6장 35절) 그리고 "그(너의 동족)에게서 이자를 받아도 안 되고, 어떤 이익을 남기려고 해서도 안 된다"(레위기 25장 36절), "외국 사람에게는 꾸어주고서 이자를 받아도 좋다. 그러나 친족에게는 이자를 받지 못한다"(신명기 23장 20절)였다. 12세기 교회법의 기초가 되었던 그라티아누스 교령집에는 이렇게 나와 있다. "자본 이상으로 요구되는 것은 모두 다 고리대금이다(Quicquid ultra sortem exigitur usura est)."

교회법 법전은 13세기 고리대금에 대한 교황청의 태도를 가장 잘 보여주는데 이를테면 다음과 같다. 대출의 대가로 대부금 이상을 요구하는 것은 모두 고리대금이다. 고리대금 행위는 구약과 신약이 공히 금지한 죄다. 오로지 원래 재산 말고도 대가로 어떤 재산을 기대하는 것은 죄이다. 고리대금 소득은 원래 소유자에게 완전히 반환되어야 한다. 더 높은 가격을 책정해 신용판매를 하는 것은 암묵적인 고리대금 행위이다.

이 교리의 주요 결론은 다음과 같다.

1) 고리대금은 치명적인 탐욕(avaritia) 죄에 속한다.
치명적인 다른 탐욕 죄는 성물 및 성직 매매이며 11세기 말과 12세기에 실행된 그레고리우스 개혁 이래 많이 줄어들었다.
2) 고리대금은 일종의 도둑질이며, 이것은 대출과 대부금 상환 사이에 흐른 시간에 돈을 지불하게 하므로 오로지 신의 소유인 시간을 훔치는 짓이다. 따라서 그것으로 새로운 유형의 시간, 다시 말해 고리대금의 시간이 탄생한다. 이는 돈이 시간에 대한 견해와 시간의 사용을 심

오하게 변화시켰다는 점을 강조하는 대목인데, 중세에는 장 이바네스가 보여준 대로[†] 복합적인 시간이 흘렀다. 여기서도 중세에 화폐 유통의 증가로 삶과 도덕, 종교의 주요 구조가 얼마나 변화했는지 이해할 수 있다.

3) 고리대금은 특히 성 토마스 아퀴나스[††]가 강조한 대로 정의에 반하는 죄이다. 그런데 13세기는 특히 정의의 세기로, 정의는 프랑스의 성왕 루이가 자신의 행동과 태도를 통해 한 인간이자 왕으로서 보여주었듯이 탁월한 미덕이다.

저주받은 고리대금업자

13세기는 화폐의 사악한 본질에 새로운 모습이 하나 더 추가되었다. 위대한 스콜라 철학자들은 그 모습을 아리스토텔레스에게서 차용했다. 아리스토텔레스는 13세기 지성사의 대발견이었다. 토마스는 아리스토텔레스를 뒤좇아 "돈은 새끼를 만들지 않는다(nummus non parit nummos)"고 말했다. 따라서 고리대금은 자연에 반하는 죄이기도 했다. 자연은 이제 스콜라 신학자들이 보기에 신의 창조물이었으니까 말이다.

당시 고리대금업자의 운명은 어떠했는가? 돈이 가득한 주머니를 목에 걸고 그를 아래로 끌고 가는 모습이 새겨진 여러 조각이 보여주듯이 구원 가능성이 전혀 없었으며 지옥의 사냥감이었다. 이를테면 5세기

† *La Doctrine de l'Eglise et les réalités économiques au XIIIe siécle*, PUF, 1967.

†† Saint Thomas, *Somme théologique*, II a-II ae, qu. LXXVII, art. 4, ad secundum.

에 교황 레오 1세(대레오)가 이미 다음과 같이 말했다. "고리대금의 수익금은 곧 영혼의 죽음이다(Fenus pecumiae, funus est animae)." 1179년 제3차 라테라노 공의회는 고리대금업자는 기독교 사회의 도시에 있는 이방인들이며 그들에게는 기독교식 장례가 거부되어야 한다고 선언했다.

고리대금, 이는 곧 죽음이다.

13세기에 고리대금업자의 끔찍한 죽음을 전해주는 원문은 많았다. 예를 들어 지은이를 알 수 없는 원고에 이런 내용이 있었다. "고리대금업자들은 말이 말을 낳게 하거나 노새가 노새를 낳게 하는 것처럼 돈이 돈을 낳게 하기를 원하면서 자연에 반하여 죄를 짓는다. 더군다나 고리대금업자는 자신들의 소유가 아닌 시간을 팔기 때문에 도둑들이며 그 소유자의 뜻에 반하여 생경한 재산을 파는 것이니, 이 역시 도둑질이다. 게다가 그들은 돈을 기다리는 것, 다시 말해 시간 외에 아무것도 팔지 않기 때문에 낮과 밤을 판다. 하지만 낮은 밝음의 시간이고 밤은 안식의 시간이다. 결과적으로 그들은 빛과 안식을 판다. 따라서 그들이 영원한 빛과 안식을 가지고 있다는 것은 정당하지 않다."†

이 시기에 또 다른 전문 계층이 등장했다. 바로 "새로운 지식인들"로 이들은 수도원 학교나 성당 학교 밖에서 학생들을 가르쳤으며, 학생들이 내는 돈인 콜렉타(collecta)를 받았다. 특히 성 베르나르는 "단어를 파는 사람이자 단어의 상인들"이라고 그들을 맹렬히 비난했는데, 그들은

† BN Paris, *Ms latin* 13472, f. 3vb.

시간과 마찬가지로 오직 신의 소유인 학문을 팔았기 때문이다. 13세기에 이러한 지식인들이 여러 대학에서 조직을 갖춰나갔다. 대학은 성직록 체계를 통해 그들의 생존에 필요한 것뿐만 아니라 일반적으로 수준 높은 생활을 보장해주었다. 비록 가난한 대학 교원들이 눈에 띄기도 했지만 말이다. 어쨌거나 이 새로운 지식인들의 새로운 말씀은 어떤 식으로든 인간의 모든 활동에 슬그머니 들어오는 화폐에 연결되어 있었다.

영국 초뱀(Chobham) 출신으로 파리 대학에서 교육받은 토머스가 지은 책은 13세기 초 고해신부들이 지은 가장 오래된 전서인데 다음과 같은 지적이 발견되었다. "고리대금업자는 노동은 전혀 하지 않고 심지어 잠을 자면서 수익을 얻으려고 한다. 이는 다음과 같이 말씀하시는 주님의 가르침에 반하는 것이다. '너는 얼굴에 땀을 흘려야, 낟알을 먹을 수 있을 것이다(창세기 3장 19절).'" 여기에 등장하는 새 주제는 13세기의 개화에 크게 기여하고 화폐의 비상, 노동의 가치 부여와 같은 맥락에서 나타난 것이다.

13세기 내내 고리대금업자가 지옥에서 벗어나는 유일한 수단은 고리대금으로 얻은 이익을 반환하는 것이었다. 최선은 고리대금업자가 죽기 전에 반환을 완수하는 것이었지만, 유서에 반환을 적어 넣으면 사후(post mortem)에 구원받을 수도 있었다. 이 경우에 그의 책임과 지옥에 떨어질 위험성은 그의 상속인들이나 유서를 집행하는 사람들에게 옮겨졌다. 13세기 말의 도덕적인 이야기와 경구를 모아놓은 《귀감 사례집(Tabula exemplorum)》에 이런 이야기가 전해진다.

죽음에 직면한 한 고리대금업자가 유서를 통해 모든 것을 반환하라고

> 명하고 세 명의 집행인들에게 전 재산을 유증했다. 그는 세상에서 가장 두려워하는 것이 무엇이냐고 그들에게 물어봤다. 첫 번째 사람은 가난이라고 대답했다. 두 번째 사람은 나병, 세 번째 사람은 성 안토니우스의 불(맥각병)이라고 대답했다. (……) 하지만 그가 사망한 후에 음심을 품은 유증 수혜자들은 고인의 모든 재산을 가로챘다. 지체하지 않고 고인이 저주하여 불러낸 가난, 나병, 맥각병이 그들을 엄습했다.

중세에 고리대금 수익금의 반환에 대한 정보를 제공해주는 문헌은 별로 없다. 종교가 이 시대 사람들을 전적으로 지배했다고 믿지 않는 일부 역사학자는 그런 반환이 많지 않았으리라 생각한다. 그와 반대로 나는 13세기에 사고와 정신에 대한 교회의 영향력 그리고 지옥에 대한 두려움으로 틀림없이 적잖은 반환 사례가 있었다고 생각한다. 더군다나 일부 성직자들이 그것의 실행을 유도하기 위해 《반환론(De restitutionibus)》이라는 개론서를 썼으니 말이다.

어쨌거나 반환은 중세에 완수하기 가장 까다로운 행위의 하나로 간주되었다. 그에 대한 예기치 않은 증거가 하나 있는데, 주앵빌이 전해준 성왕 루이의 선언에 들어 있다.

> 그는 돌려주는 것(rendre)은 너무나 가혹해서 그걸 발음할 때조차 두 개의 r 때문에 목구멍에 불쾌감이 느껴지기 때문에 타인의 재산을 빼앗는 것은 나쁜 짓이라고 말했다. 두 개의 r은 악마의 갈퀴를 의미하며 그 갈퀴는 타인의 재산을 돌려주기를 원하는 자들을 항상 뒤로 끌어당긴다. 그리고 악마는 정말 교묘하게 그렇게 한다. 왜냐하면 그는 대단한 권세

를 지닌 고리대금업자와 대도(大盜)의 감정을 고조시켜서 그들이 돌려 주어야 할 것을 신께 바치게 하기 때문이다.

13세기에 교회는 고리대금업자를 지옥에 갈 운명이라고 선언하는 데 만족하지 않았으며, 경멸과 비난을 퍼부으며 지탄했다. 13세기 초의 유명한 설교자인 자크 드 비트리는 이렇게 전한다.

모든 사람에게 고리대금업은 아주 수치스러운 일이어서 아무도 감히 자신이 고리대금업자임을 털어놓지 못했음을 보여주길 원한 한 설교자가 이렇게 말했다. "나는 여러분에게 여러분의 활동과 직업에 따라 해결책을 제시하고자 합니다. 대장장이 여러분 일어서십시오!" 그러자 그들이 일어났다. 그들에게 죄를 사해준 다음에 그는 이렇게 말했다. "모피를 파는 사람들 일어서십시오!" 그러자 그들이 일어섰다. 그런 식으로 계속 이어져 여러 장인들이 호명에 따라 일어났다. 끝으로 그는 이렇게 소리쳤다. "고리대금업자들이여 일어서서 사죄를 받으십시오!" 고리대금업자들은 다른 직업군의 사람들보다 수가 더 많았지만 수치심으로 몸을 숨겼다. 여기저기에서 웃음과 야유가 터져나오는 가운데 그들은 너무나 당혹해하며 뒤로 물러났다.

미셸 파스투로가 잘 보여준 바, 상징이 지배자로 군림하고 각종 동물들이 다양한 악의 전형이 되었던 중세에 고리대금업자는 종종 강탈하는 사자, 신의 없는 여우, 도둑질하고 탐욕스러운 늑대에 비교되었다. 중세의 설교자들과 작가들은 비유를 들어가면서 고리대금업자를 종종 죽는 순간에 자신의 털을 잃어가는 동물로 보여주었다. 왜냐하면 그의 털이란 게 훔쳐낸 재산이었기 때문이다. 고리대금업자를 상징하기 위해 가장 많이 이용된 동물은 거미였으며, 중세인들은 이러한 비유를 활용해 고리대금업자들이 그들의 상속자들을 상대로 계속 비열한 행위를 하는 관행을 추론했다. 다음은 자크 드 비트리가 거미 고리대금업자의 장례식을 묘사한 대목이다.

> 나는 어떤 기사가 한 고리대금업자의 시신을 매장한 수도사들을 만났다는 말을 들었습니다. 그가 이렇게 말합니다. "여러분에게 내 거미의 시체를 맡기니 악마가 그의 영혼을 가져가기를. 하지만 나로 말하면 거미집, 다시 말하면 그의 돈 전부를 가지겠소." 고리대금업자가 파리를 붙잡기 위해 자기 내장을 들어내고 자신뿐만 아니라 자식들을 탐욕의 불속으로 끌고 가면서 악마에게 제물로 바치는 거미에 비교되는 것은 정당합니다. (……) 이러한 과정은 그들의 상속자에게서 영원히 지속됩니다. 실제로 일부는 자식이 태어나기도 전에 돈을 주어 그들이 고리대금을 증식하게 하고 그리하여 자식들은 에사오처럼 털투성이에 많은 재산을 갖고 태어납니다. 죽을 때 그들은 돈을 자식들에게 남겨주고 이들은 다시 신과 새로운 전쟁을 벌이기 시작합니다.

알다시피 중세 교회는 조르주 뒤메질이 훌륭히 보여주듯이 사회를 세 가지 유형의 사람들, 그러니까 기도하는 사람들, 투쟁하는 사람들, 노동하는 사람들로 분류했다. 자크 드 비트리는 다음과 같이 네 번째 범주를 추가했다.

> 그가 말하길 악마는 고리대금업자를 네 번째 유형의 사람으로 분류했습니다. 그들은 인간의 노동에 참여하지 않으며 인간이 아니라 마귀들과 함께 처벌받을 것입니다. 왜냐하면 그들을 불에 태우기 위해 지옥에 보낸 목재의 양이 그들이 고리대금으로 받는 돈의 양에 상응하기 때문입니다.

때때로 신은 고리대금업자를 악마와 지옥에 양도하기 위해 죽음을 기다리지 않기도 한다. 전도하는 사람들은 많은 고리대금업자들이 죽음이 다가왔을 때 언어 능력을 잃어버려 고해를 할 수 없었다고 이야기한다. 더 나쁜 것은 많은 이들이 돌연사하는 것인데, 돌연사는 고리대금업자에게 자신의 죄를 고백할 시간을 남겨주지 않기 때문에 중세의 기독교인에게 가장 나쁜 죽음이었다.

에티엔 드 부르봉은 리옹에 있는 수도원의 도미니쿠스 회 수도사로, 13세기 중반에 널리 확산되고 대단히 성공을 거두었을 것으로 보이는 사건을 이야기해주었다. 그 이야기는 이렇다.

> 주님의 해 1240년경 디종에서 한 고리대금업자가 자신의 결혼식을 성대하게 기념하기를 원했다. 그는 음악이 흘러나오는 가운데 성모 마리아의 소교구 교회로 인도되었다. 약혼녀가 동의의 뜻을 전하고 결혼이 관습에 따라 전례의 말씀에 의해 비준된 다음 미사와 교회의 각종 의례로 종결되도록 그는 교회의 현관 아래에 자리를 잡았다.† 약혼을 한 남녀가 기쁨에 가득 차서 교회 안으로 들어가려 했을 때, 현관 위에 악마에 붙들려 지옥으로 끌려가는 모습으로 조각돼 있던 고리대금업자 형상의 돌이

돈주머니와 함께 결혼을 앞둔 고리대금업자의 머리 위에 떨어져 그를 죽였다. 결혼식은 애도식으로 바뀌었고 기쁨은 슬픔으로 변했다.

여기에서 특별히 눈길을 끄는 것은 중세에 도상, 특히 조각이 이례적으로 적극적인 역할을 수행했다는 사실이다. 예술이 돈의 오용을 막는 데 도움을 준 것이다.

중세의 한 '스릴러' 문학작품에서 고리대금업자의 이야기와 죽음을 다루었다. 고리대금 행위에 쓰이는 돈은 이 시기에 가장 치명적인 무기 가운데 하나였다. 에티엔 드 부르봉이 전해준 이야기는 이랬다.

> 내가 들은 바에 의하면, 심각한 병에 걸린 한 고리대금업자가 아무것도 반환하기를 원하지 않았지만 그래도 가난한 사람들에게 곡물 창고에 가득 들어 있는 밀을 나누어주라고 명령했다. 밀을 거두어들이려 했던 종복들은 밀이 뱀으로 변했다는 것을 발견했다. 그것을 알게 된 고리대금업자는 회개하고 모든 것을 반환했으며, 자기 몸이 저 아래에 있는 뱀들에게 잡아먹혀 영혼만은 저세상에서 그렇게 되지 않도록 유해를 벌거벗은 채로 뱀들의 무리 속으로 던지라고 말했다. 이렇게 행해졌다. 뱀들이 그의 몸을 먹어치웠고 그 자리에는 하얀 뼈만 남았다. 어떤 이들은 자기네 일을 해치운 뱀들이 사라졌고 빛 아래에는 단지 훤히 드러난 흰색 뼈만 남았다고 덧붙였다.

† 결혼은 그 본질인 배우자들의 동의를 포함하여 16세기부터 비로소 교회 내부에서 거행되었다.

점진적으로 정당성이 입증된 이자가 붙는 대출

이제 나는 고리대금의 토대가 되는 이자가 붙는 대출이 13세기에, 무엇보다 14세기와 15세기에, 어떤 조건으로 어떻게 복권되었는지 보여줄 것이다. 이러한 명예회복은 선량한 기독교인으로 남으려는 고리대금업자들의 소망에 의해, 그리고 최악의 죄인들조차 구원하려는 일부 교회 인사들의 바람으로 정당화되었다. 교회 일각에서는 진화해가는 역사에서 새로 나타난 것들, 우선 돈의 확산이 요구하는 듯한 수정사항을 인간의 삶과 사회에 대한 견해에 끌어들였다. 우리는 이제 화폐에 관련된 관행에 굴복하는 사회에서, 기본적인 여러 가치가 변화해가는 양상을 살필 것이다. 13세기 기독교 사회의 인간이 따랐던 주요한 가치들 말이다. 나는 그 시기에 내가 말한 '하늘에서 지상으로 내려가는 가치'†가 드러났다고 생각했다. 13세기 내내 부과된 이러한 가치 가운데 첫째로 꼽은 것은 바로 정의였다. 하지만 그러한 가치 위에 '카리타스', 다시 말해 사랑이 있었다. 우리는 화폐의 확산이 어떻게 '카리타스'와 양립할 수 있는지 보게 될 것이다. 이렇게 존재하는 '카리타스'는 유명한 《시대착오적인 교환 형태, 기부에 대한 에세이》(1932~1934)의 저자 마르셀 모스와는 다른 견해에 따라 일종의 증여경제를 참조하게 한다.

거기에 가치가 부여된 노동의 영향을 덧붙일 수 있다. 노동에 대한 가치 부여는 특히 임금 노동자가 중요해짐에 따라 화폐의 사용과 확산에 특별한 의미를 끌어들였다. 여기서는 내가 중세사회, 특히 교회가 사

† *Odysseus. Man in History-Anthropology-History Today*에 발표, 모스크바, 1991, p. 25~47. Jacques Le Goff, *Héros du Moyen Age; le saint et le roi*, Gallimard, Quarto, 2004, p. 1265~1287.

용한 첫 번째 수단이라고 생각하는 것을 지적하는 선에서 그치겠다. 고리대금업자가 어떤 경우에든 지옥으로 떨어질 운명을 떠안지 않도록 말이다.

수년 전에 나는 모든 기독교인들의 주요 관심사인 피안과 관련해 12세기 후반 서구사회에서 중재 역할을 하는 피안, 즉 연옥이 나타났음을 설명하려고 노력했다.† 기독교인은 죽는 순간에 자신이 지은 죄의 많고 적음과 심각성에 비례하는 기간 동안 이 피안에서 몇 차례 지옥을 연상케 하는 끔찍한 고문을 당하지만, 영원한 지옥에서는 벗어나는 것이다. 그들이 연옥에서 충분히 속죄했을 때, 구제의 여지가 있는 일부 고리대금업자들은 지옥에서 벗어날 수 있었고 자크 드 비트리가 거론한 다른 장인들처럼 천국에 받아들여질 수 있었다. 연옥에 의해 고리대금업자가 구제를 받은 일 가운데 알려진 첫 번째 사례는 독일의 시토 회 수도사 체사리오 폰 하이스터바흐의 개론서, 《기적과 이상한 실화들에 대해서(Dialogus magnus visionum ac miraculorum)》에서 발견된다. 리에주의 한 고리대금업자 이야기다.

> 우리 시대에 리에주의 한 고리대금업자가 죽었다. 주교가 그를 묘지에서 추방했다. 그의 부인이 그를 성지에 매장해달라고 간청하기 위해 교황청으로 갔다. 교황은 거절했다. 그러자 여인은 배우자를 위해 이렇게 변호했다. "교황님이시여, 사람들이 제게 이르기를 남편과 부인은 오로지 한 몸을 이룬다 합니다. 또 사도에 따르면 충실하지 못한 남편은 충

† *La Naissance du Purgatoire Paris*, Gallimard, 1981.

실한 부인에 의해 구원받을 수 있습니다. 제 남편이 잊어버리고 하지 못한 일을 그의 일부인 제가 기꺼이 하겠습니다. 저는 그를 위해 은둔해 그의 죄를 대속할 준비가 되어 있습니다." 교황은 추기경들의 간청을 들어주었고 고인을 묘지로 돌려보냈다. 부인은 남편의 무덤 곁에 거처를 정해 은둔자처럼 틀어박혔고 자선 행위, 단식, 기도를 통해 그리고 밤을 새워가며 그의 영혼을 구제하기 위해 신을 진정시키려 애썼다. 7년 후에 남편이 검은 옷을 입고 그녀에게 나타나 감사의 말을 전했다. "신도 그대와 같은 감정을 지녔소. 그대의 시련 덕택에 나는 깊은 지옥 깊숙한 곳에서 그리고 가장 끔찍한 고통에서 빠져나왔으니 말이오. 만일 그대가 7년을 더 그 일들을 해준다면, 나는 완전히 해방될 것이오." 그녀는 그렇게 했다. 7년 후 그는 흰 옷을 입고 행복한 모습으로 나타나 이렇게 말했다. "신과 그대에게 감사하오. 오늘 나는 풀려났다오."

그러고 나서 체사리오는 리에주의 고리대금업자가 부인에 의해 자신의 영혼이 해방되기까지 중간에 머물렀던 곳, 그것이 연옥이라고 설명했다. 이는 연옥에서 구원받은 고리대금업자에 대한 증언 가운데 가장 오래된 것이다. 물론 이 연옥이 고리대금업자를 지옥에서 구하기 위한 것은 아니다. 이는 훨씬 더 광대하고 새로워진 피안에 대한 견해 속에서 만들어지긴 했지만, 여전히 리에주의 고리대금업자 이야기는 연옥과 화폐를 이어주는 고리가 되었다. 이제 우리는 니콜 베리우와 더불어 기독교 사회에서 금전욕이 "미덕과 악덕 사이"†에 위치한다고 말할 수 있을 것이다.

연옥은 분명 13세기부터는 고리대금업자를 지옥에서 구원하는 주요 수단이 아니었다. 13세기에 그리고 15세기 말까지 서서히 어떤 변화가 나타났다. 그러한 변화는 중세 교회가 말한 여러 형태의 고리대금을 가능케 한 조건들을 확인해주는 경향으로 나아갔다. 당시 고리대금은 이자가 붙는 대출, 특히 대부금을 토대로 이자를 취하는 행위에 상응한다는 점을 명심하자. 그런데 대대적으로 화폐를 사용하고 화폐가 확산되자 13세기 서구의 사회계급 내에서 부채가 상당히 확대되었다. 특히 농민층의 부채가 늘어났다. 그때까지 농민은 화폐를 많이 사용하지 않았지만 마르크 블로크가 말한 제2기 봉건제에서는 특히 현물로 납부하던 부과조가 화폐로 바뀌어 화폐를 소유할 수밖에 없었다. 일부 지역에서는 시골 사람들이 특혜를 누렸다. 여기서는 유대인 대부업자들이 계속 부를 늘릴 수 있었고 그들은 점점 기독교인들로 대체되었다. 하지만 더 일반적으로 시골에서 돈을 빌려주는 사람들은 기독교 신자인 도시의 대부업자들이거나 역시 기독교 신자인 부유한 농민들이었다. 부유한 농민은 가난한 농민들에게 대출하여 소득을 늘렸고, 그 결과 부유한 농민 계급의 존재가 강화되었다.

일반적으로 성직자 계급과 제후에 관한 법규, 화폐 사용을 비난하는 사고방식은 상인들에 관한 법규가 변화하는 상황과 더불어 지속적으로 바뀌었다. 실제로 16세기부터 그리고 특히 신의 평화(중세에 교회가 공포한 적대행위 금지령—옮긴이) 혹은 제후의 평화를 이용함으로써 상인들은 교회와 영주의 보호를 받았으며 이를 정당화하는 의무가 영주들에

† Nicole Bériou, "L'esprit de lucre entre vice et vertu: variations sur l'amour de l'argent dans la prédication du XIIIe siècle", *L'Argent au Moyen Age*, Paris, Publications de la Sorbonne, 1998, p. 267~287.

게 부과되었다. 여기에는 본질적인 두 가지 동기가 있었다. 첫 번째는 유용성이었다. 예전에 중세 교회는 올바른 것, 심지어 적절한 것과 유용한 것을 교리로 구분한 적이 없었다. 특히 도시에서 중세인들의 생존 수단과 살아가는 데 필요한 것들이 늘어남으로써 12세기부터 농민들의 활동이 정당화되었다. 그러한 활동은 전체 기독교인들 혹은 일부 계층 기독교인들에게 필요하거나 그들이 갈망하는 상품들을 가져다주었다. 이것은 무엇보다 서구사회의 기본 양식인 빵의 재료가 되는 곡물인데, 바다나 광산의 소금도 무시할 수 없다. 그리고 갈망의 대상이 되는 대표적인 상품은 향신료, 모피, 비단 등이었다.

노동과 위험

두 번째로 상인의 이익을 확실히 정당화한 것은 노동에 대한 보상이었다. 중세 초기에 노동은 기독교 교리에 따라 원죄의 결과로 멸시받았다. 삼원도식에 의해 규정된 범주 가운데 세 번째 범주에 속한 사람들은 바로 노동자들(laboratores)로서 이들은 주로 봉건사회 계급의 하단부에 있는 농민들을 가리켰다. 중세 초기에 여러 가치를 전파한 주요 인물이었던 수도사들의 태도는 모호했다. 특히 성 베네딕투스의 계율이 육체노동을 의무화했지만, 이 육체노동은 무엇보다 회개의 한 형태였으며 노동수사들이 떠맡았다. 그런데 12세기부터 노동은 중세인들의 가치와 사회적 위신 체계에서 (여성의 인격과 역할에 더 높은 가치가 부여된 상황과 더불어) 주목할 만한 재평가 대상이 되었다. 성모 숭배 열풍이 그러한 상황에 유리하게 작용했다. 그때까지 주로 벌을 받는 피조물이자 욕의 형상대로 고통받는 피조물로 제시되었던 인간은, 교회가 창세기를 주해하면서 상기시킨 대로 신이 자신의 형상을 본떠 창조한 피조물이 되었다. 창조는 역사상 신이 실행한 첫 번째 노동으로, 피로를 느낀 신은 7일째 되는 날 휴식을 취했다. 그렇게 해서 노동하는 인간은 세계를 건설하는 신의 협력자가 되었으며 그는 조물주의 여러 의도에 부응하려고 애썼다.

상인들과 고리대금업자의 명예회복에 아주 중요했던 두 가치를 넘어 13세기 스콜라 철학자들은 대부업자를 위해 대부금 액수에 연계된 보상금을 요구하고 수령하는 일을 적법화하는 여러 원칙을 공들여 완성했다. 대부금 액수에 연계된 보상금이란 이자를 말하는 것이다.

상인에서 대부업자까지 대상이 확대된 첫 번째 정당화 조치는 대부업자가 겪는 위험을 정당화하는 것이었다. 여기서 나는 알랭 게로와 갈라선다. 일반적으로 나는 중세사회에 대한 그의 관점을 높이 평가한다. 실뱅 피롱은 resicum〔이 라틴어에서 'risk(위기)'라는 영어 단어가 파생되어 나왔다. 중세에는 해상 무역으로 각종 손실과 피해가 초래되는 상황에서 이 단어가 사용되었다—옮긴이〕이라는 용어가 12세기 말과 13세기 초에 어떻게 지중해 지역 공증인과 상인들에게서 나타났는지 잘 보여주었다. 이 단어는 카탈루냐 페냐포르트 출신으로 도미니쿠스 회 수도사인 라이문도의 중개로 스콜라 신학자들의 어휘와 사고 속에 들어왔다. 그는 '해상 대출(foenus nauticum)'에 resicum을 사용했다.† 중세인들은 오랫동안 바다를 몹시 두

† A. Guerreau, "L'Europe médiévale: une civilisation sans la notion de risque", *Risques. Les Cahiers de l'assurance*, n° 31, 1997, p. 11~18. *Pour une histoire culturelle du risque. Genèse, évolution, actualité du concept dans les sociétés occidentales*, Strasbourg, Ed. Histoire et Anthropologie, 2004. 그와 마찬가지로 Pierre Toubert, "La perception sociale du

려워했다. 육상 여정이 통행세를 거두어들이려는 영주들에게 가로막히고, 특히 숲 속을 지날 때는 도적들의 위협을 받긴 했지만, 여러 그림과 봉헌물에 나와 있듯이 바다는 실로 위험한 곳이었다. 바다는 상인의 생명이나 상품의 무사 배달을 위협했으며, 해적보다 조난 위험 때문에 그 보상으로 이자 징수 및 고리대금 행위가 정당화되었다.

이자를 거둬들이는 것을 정당화하는 또 다른 이유는 대출 기간에 대부금으로 직접 이익을 취하는 일을 포기하는 것(lucrum cessans)이었다. 그리고 노동에 대한 보상(stipendium laboris)이라는 의미도 있었다. 그 돈은 노동의 대가였다.

13세기에 계속해서 고리대금에 강한 비난이 가해졌고 고리대금업자에게 예정된 지옥을 환기했다. 그리하여, 이러한 적법성이 서서히 그리고 힘들게 부상하긴 했지만, 이자가 붙는 대출이 받아들여졌던 곳에서 고리대금은 정의의 개념에 맞닥뜨리게 된다. 여기서 정의의 개념은 합리적인 이자율로 표현되었다. 이것도 약 20퍼센트로 오늘날에는 상당히 높아 보인다. 하지만 13세기 후반에 특히 교회의 견해에서 이자가 붙는 대출은 그것을 단죄하고 추방하려는 전통적인 욕망과 일정한 한도 내에서 정당화하려는 새로운 경향 사이에서 오락가락했다. 도미니쿠스 회의 수도사로 알베르투스의 문하생이었을 레신의 질베르가 13세

risque dans le monde méditerranéen au Moyen Age. Quelques observations préliminaires", *Les Sociétés méditerranéennes face au risque*, édité par Gérand Chastagnaret, Institut français d'archéologie orientale, 2008, p. 91~110 참조. Sylvain Piron, "L'apparition du resicum en Méditerranée occidentale aux XIIe-XIIIe siècle", *Pour une histoire culturelle du risque. Genèse, évolution, actualité du concept dans les sociétés occidentales, op. cit.*, p. 59~76.

기 말에 쓴 개론서 《고리대금론(De usuris)》을 보자.

> 의구심과 위험이 금전욕을 없애지는 못한다. 다시 말해 그것에 의해 고리대금이 정당화될 수 없다. 하지만 확신하지 못하고 전혀 예상하지 못할 때 의구심과 위험은 정의의 형평성과 대등한 가치를 지닐 수 있다.

13세기 말 파리 대학에서 '쿠오들리베트(quodlibet)'라는 논쟁이 벌어지는 동안 고리대금과 관련된 문제들이 토의 대상이 되었다. 이러한 논쟁을 통해 모든 주제, 특히 시사 관련 주제를 다룰 수 있었다. 1265~1290년 장 드 강(Jean de Gand)은 당대의 파리 대학에서 가장 유명했던 교수로, 동료 교수인 마태우스 아쿠아스파르타, 몽생텔루아의 제르베, 미들턴의 리처드, 퐁텐의 고드프루아와 함께 일시적인 연금 혹은 영속적인 연금에 대해 토의했다. 논쟁은 고리대금이 관건이냐 아니냐 하는 문제로 나아갔다. 의견이 갈렸지만, 이 토론은 특히 고리대금과 그와 관련된 문제에서 화폐 사용 및 평가에 의거하는 새로운 경제 행위가 윤리 차원에서 신학자들의 영역에 편입되었음을 보여주었다.†

신학자들이 이러한 문제에 관심을 기울이긴 했지만, 그들은 상인들 및 기독교인으로 지옥에서 벗어나는 동시에 부를 늘리기를 원했던 대부업자들을 더 많이 괴롭혔다. 나는 예전에 《돈주머니와 생명(La bourse et la Vie)》이라는 제목을 붙인 연구서에서 망설이는 그들의 모습을 보여

† Ian P. Wei, "Intellectuals and money: Parisian disputations about annuities in the thirteenth century", *Bulletin of the John Rylands University Library of Manchester*, volume 83, n° 3, 2001, p. 71~94.

준 바 있다.

돈에 대한 이러한 사고방식의 변화 가운데 키아라 프루고니의 대단히 멋진 저작 《더 좋은 엔리코의 사업: 조토와 스크로베니 예배당(L'Affare migliore di Enrico: Giotto e la cappella degli Scrovegni)》에서 끌어낸 예를 들어보자. 이 여류 역사학자는 스크로베니 가의 평판이 놀랍게 바뀌었음을 강조했다. 이는 조토의 프레스코화로 꾸며놓은 예배당 건축으로 드러났다. 엔리코 스크로베니는 14세기 초 파도바에서 조토가 프레스코화를 제작하는 데 자본을 댔다. 파도바의 스크로베니 가는 긴 13세기의 신흥 부자였다. 단테는 엔리코의 아버지를 지옥의 고리대금업자 가운데 두었고, 아들 엔리코는 아버지 사업을 계승해 발전시켰지만 그래도 성모 마리아와 가난한 사람들에게 헌정된 이 예배당을 지어 자신의 '카리타스'를 표현했다. 이 예배당에서 조토는 여러 미덕과 악덕의 표현 순서를 바꾸었다. 순전히 정치적인 이유로 베네치아로 망명한 후에 사망한 엔리코는 대단한 자선가로 남았으며, 이 고리대금업자는 마땅히 천국에 가야 할 사람이 되었다.

교회에서는 새로운 탁발수도회, 도미니쿠스 회와 특히 프란체스코 회가 이러한 화폐 문제에 가장 민감했다. 이 문제는 새로운 양상을 띠며 중세의 주요 쟁점 가운데 하나가 되었다. 섭생 부문에서 사육제와 사순절이 크게 대립했듯이 화폐 부문에서는 부와 가난이 극명히 대립했다.

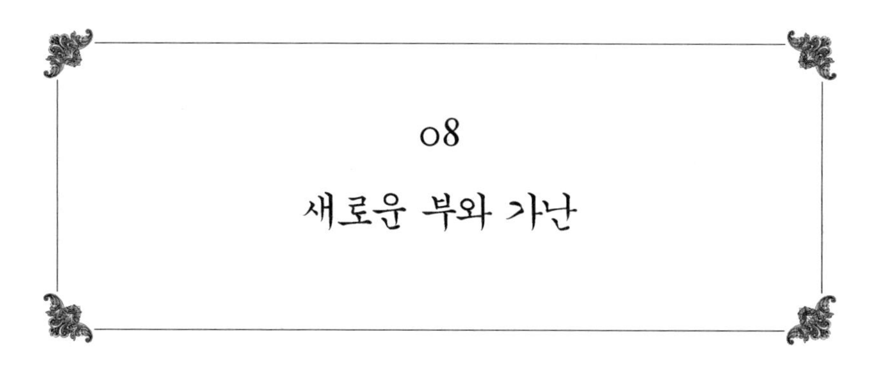

08 새로운 부와 가난

이러한 대립은 새로운 부와 새로운 가난 사이에서 나타났다. 내가 말한 '하늘에서 지상으로 가치가 내려오는 일'이 당시 얼마 전에 일어났다. 그러한 부는 새로운 성격을 띠었으니, 영주와 수도원의 토지 재산이 아니라 부르주아, 상인, 고리대금업자라고 불리며 머지않아 은행가가 되는 사람들의 부였다. 실물화폐든 명목화폐든 화폐가치로 표현되는 부였던 것이다.

이 새로운 부에는 순전히 경제적인 중요성보다 사회적인 의미가 더 많이 담겨 있었다. 새로운 부자들은 기독교 사회의 유력자들 가운데 자리 잡았다. 왜냐하면 새로운 부에 대면하여 새로운 가난이 그들의 활동을 탐욕과 악덕이 아니라 내가 언급한 '카리타스'와 미덕의 반열에 올려놓았기 때문이다. 13세기의 내내 화폐는 니콜 베리우가 잘 보여주었듯이 악덕과 미덕 사이에서 요동쳤다. 이미 1978년 미국의 역사학자 레스터 K. 리틀은 중세 유럽에서 어떻게 종교적인 가난과 수익 경제가 공존하는 상황에 놓였는지 설명해주었다.† 화폐는 오래전부터 기독교의 상상세계에 스며들어 있었다. 12세기 초에 프랑스의 수도사였던 방돔의 조프루아는 봉헌된 면병을 가장 잘 주조된 화폐에 비유했다. 구원과 같은 가치를 지닌 면병이 어떤 가치를 포함한 주화를 가리키듯이, 면병의 동그란 형태는 주화의 동그란 형태를 상기시켰다. 이미 초기 교회 교부들의 시대에 성 아우구스티누스는 그리스도를 첫 번째 상인으로 삼았다. 자신을 희생하여 인류의 죄를 대속한 그리스도는 바로 '천상의 상인'이었다. 하지만 12세기 이래, 주로 13세기 기독교 사회에서 우위를 점한 것은 바로 새로운 부였다.

새로운 빈자들

이 새로운 부에 새로운 가난이 대립되었다. 이 가난은 더이상 원죄의 결과도 욥의 가난도 아니었고, 기독교의 영성에서 예수상의 변화와 관련해 가치가 부여된 가난이었다. 예수는 점점 초기 기독교 교리에서 구현된 옛 모습, 다시 살아난 신인(神人)이자 죽음의 위대한 정복자라는 옛 모습에서 벗어났다. 그리스도는 인간에게 헐벗음으로 상징되는 가난의 모델을 제공한 신인이 되었다. 1000년 이후 초기 기독교 사상의 사도들

† Lester K. Little, *Religious Poberty and the Profit Economy in Medieval Europe*, Paul Elek Ltd, London, 1978.

에게 돌아가자는 모든 움직임을 강력하게 선동한 것은 근원 회귀에 의한 갱신, '벌거벗은 채 벌거벗은 그리스도'를 따르자는 권고였다. 새로운 부가 노동에서 비롯되었듯이 새로운 가난은 어떤 노력과 선택의 결과로서 사람들은 자발적으로 가난을 추구했다. 감내하는 가난과 자발적인 가난이 있었다. 이 두 가지 가난을 구분해야만 화폐가 어떻게 중세 사회에서 인정받았는지 이해할 수 있다.†

프란티세크 그라우스는 중세에 가난의 주요 무대는 시골이 아니라 도시였다는 사실을 보여주었다. 당연히 새로운 빈곤 퇴치 활동은 이전 수도사들과 반대로 도시에 터를 잡은 새로운 종교회, 특히 프란체스코회의 몫이었다.

아시시의 프란체스코는 자신의 존재를 무엇보다 화폐의 거부로 드러낸다.†† 상인이었던 아버지를 부인하고 예수처럼 벌거벗었으며, 가난 속에서 살아가고 설교했다. 새로운 부를 경멸하는 사람들은 새로운 가난을 장려하면서 모호할 뿐 아니라 상반되는 결과에 이른다. 리틀은, 1261년 피사의 대주교가 프란체스코 회 교회에서 설교하면서 아시시의 프란체스코를 상인들의 후원자이자 보호자로 만들었다고 말했다. 이탈리아 역사학자 자코모 토데스치니는 더 나아갔다. 프란체스코가 자신

† 중세의 가난을 연구한 20세기의 위대한 역사학자는 미셸 몰라였다. 그의 세미나에서 소개된 연구 내용은 1974년 그의 감독 아래 1974년 소르본 대학 출판부에서 《빈곤의 역사에 대한 연구(Etudes sur l'histoire de la pauvreté)》라는 제목으로 두 권이 편집, 출판되었다. 그리고 자신이 그것을 훌륭하게 종합해 다음 책을 출간했다. *Les Pauvres au Moyen Age*, Paris, Hachette, 1978.

†† 나는 뒷부분에서 특별히 한 장을 할애해 탁발수도회와 화폐의 관계를 다룰 것이다(13장 참조).

의 생이 끝나갈 무렵 북부와 중부 이탈리아에서 확대되었던 화폐가 부각된 도시 문화와 가난을 만나게 했다고 생각한 것이다. 토데스치니에 따르면, 13세기에 프란체스코 회 사람들은 계속해서 그들을 '자발적인 가난'에서 시장 사회로 인도한 프란체스코 식 부를 정당화했다. 토데스치니의 주장은 무엇보다 랑그독의 프란체스코 회 수도사였던 피에르 드 장 올리비(1248~1298)의 개론서 《계약론(De contractibus)》(1295년경)에 기초했다.†

일상의 삶 속에 더 많이 뿌리박혀 있어서 더 흥미로울지 모르겠다. 파도바와 비첸차의 프란체스코 회 수도원 장부(1263~1302)에는 기탁, 판매, 구입 내역, 그리고 이 두 도시의 프란체스코 회 수도사들이 체결한 계약 내용이 언급돼 있으며, 토지 획득과 교환보다 대부금에 대한 기록이 더 많다. 이는 프란체스코 회 수도사들이 가난 속에서도 (하지만 대개 자신들의 이름으로 거래하는 속인들의 중개로) 과거 전원 경제보다 진보하고 있는 화폐 경제에 더 많이 통합되어 있었음을 보여준다.††

무엇보다 탁발수도회, 주로 프란체스코 회는 자발적인 가난을 통

† 피에르 드 장 올리비에 관하여 알랭 부로와 실뱅 피롱이 통솔해서 만든 다음 책을 읽어볼 것. *Pierre de Jean Olivi, pensée scolastique, dissidence spirituelle et société*, Paris, Vrin, 2000, 그리고 실뱅 피롱이 번역한 《계약론(De contractibus)》. 그와 마찬가지로 실뱅 피롱의 다음 논문을 참조해볼 수 있겠다. "Marchands et confesseurs, le Traité des contrats d'Olivi dans son contexte (Narbonne fin XIIIe-début du XIVe siècle)," *L'Argent au Moyen Age*, Publications de la Sorbonne, 1998, p. 289~308.

†† *Il "Liber contractuum" dei Frati Minori di Padova e di Vicenza (1263~1302)*, 보나토(E. Bonato)에 의해 출간, 로마, 비엘라, 2002. 이 주제에 대해서는 앙드레 보셰의 다음 논문을 볼 것. "Francescanesimo veneto. A proposito del 'Liber contractuum'," *Il Santo*, 2003, p. 665~670.

해 새로운 부를 가난한 사람들 쪽으로 끌어당길 수 있는 영적·사회적 수단을 찾아내려 했다. 13세기에 교회와 힘있는 속인들은 수도회의 영향 아래 한 가지 특별한 활동으로 새로운 부와 투쟁하고 새로운 가난을 장려하려고 노력했다. 그것은 언제나 우선 교회의 주된 사업이었으며 그다음으로 그럴 만한 재력과 사회적 지위가 있었던 기독교인들의 활동이었다. 바로 자선사업인데, 중세에는 일반적으로 자비로운 일이라고 했다. 인간의 자비의 기초가 신의 자비였다. 이러한 자비는 특히 몸에 주의를 기울이는 것으로 표현되었으며, 이는 고통으로 괴로워하고 틀림없이 다시 살아나는 그리스도의 몸이었다. 13세기에는 기부에 의한 병원 설립과 운영이 특히 발달했다. 중세 초기에 등장해 주교가 운영한 이런 병원은 법률상 자율권을 누렸으며 기부와 유증을 받을 수 있었다. 13세기 화폐의 성장, 새로운 자선의 실행은 병원에 상당히 유리하게 작용했으며 자선수도회가 형성되었다. 수도원 부속 무료 숙박소와 더불어 주교좌 도시에서는 대병원이 발달했다. 무료 숙박소에서는 가난한 사람들과 순례객을 먹이고 재워주었으며, 대병원에서는 환자들, 출산하고 산후 조리를 하는 여인들, 고아, 그리고 버려진 아이들을 받았다. 병원의 재무관리 업무는 대개 주교나 속인 후원자가 임명한 관리자가 맡았다. 기부 외에 병원들은 현물(의복, 시트)이나 화폐 형태(의연금, 자선금)의 지원을 받았다. 남아 있는 중세 말 병원의 규모와 아름다움으로 보아 막대한 돈이 투자·지출되었음을 알 수 있다. 오히려 중세 초기의 여정에 연결된 12~15세기 병원은 무엇보다 프랑스에서, 특히 앙제르, 본, 릴, 토네르에서 볼 수 있는 것처럼 도시의 성장에 연결되어 있었다. 병원에 대한 언급 가운데 자선 행위의 확산을 찾아볼 수 있다. 자선 행위의 진화는 프란체스코 회가 겪었던 것처럼 새로운 부와 가난의 등장에 긴밀히 연결되어 있었다. 그렇지만 프란체스코 회의 역할을 과장해서도, 그들과 교회의 동기를 왜곡해서도 안 될 것이다. 이미 13세기 초에 처음으로 교회가 어떤 상인을 크레보나의 성 호모보누스로 시성했다. 그 상인이 자신의 직업을 내던지고 자발적인 가난으로 운명을 예정했기 때문이라는 것이다. 성 프란체스코는 결코 돈과 타협하지 않았다. 그리고 피에르 드 장 올리비는 가장자리 위치에 있는 프란체스코 회 수도사였고, 사후에 부분적으로 단죄당했으며, 그가 지은 《계약론》은 그 분야의 유일무이한 개론서로 남아 있다. 13세기 말에 화폐, 특히 고리대금에 교회가 취한 일반적인 태도를 보여주는 것은 레신의 질베르의 《고리대금론》으로 여기에서는 (우리가 살펴보았듯이 어느 정도 관용이 드러나지만) 고리대금이 변함없이 단죄되었다. 화폐 분야에서 중요한 것은 13세기의 모든 영역에서 그랬듯이 바로 중용, 정의를 구현하려는 의지였다. 이 점은 '정당한 가격'에 관한 교리와 관행에서 더 잘 볼 수 있다. 나는 이를 다시 살펴볼 것이다.†

가격 통제

중세인들은 기근을 몹시 두려워했기 때문에 빵 가격의 토대가 되는 곡물 가격은 시 당국이 엄정하게 통제했다. 상당히 불완전하지만, 우리의 자료에 의하면 이러한 가격은 경기에 따라, 특히 기후와 수확량에 따라

† 15장 "자본주의 혹은 카리타스?" 참조.

변하긴 했지만 13세기 동안 끊임없이 상승한 것으로 보인다. 이는 중세인들의 삶, 특히 식량 소비가 자연에 긴밀히 연결되어 있음을 보여주는 증거로, 전반적인 경제생활과 일상생활 속에서 화폐가 확산되었으나 이러한 의존도는 아주 조금 높아지거나 낮아졌을 뿐이다. 이는 중세인들에게 화폐의 영향력이 상대적으로 강하지 않았음을 입증한다.

가격이 실제로 생산자, 판매자, 그리고 시장을 규제하는 자들의 문제이긴 했지만, 법률가와 신학자들은 13세기의 주요 관심사인 정의에 관한 토론의 틀 내에서 그 문제를 신중히 다루었다. 법률상의 관점에서 교회법 학자들은 로마법 학자들의 이론을 따르는 듯했다. 교회법 학자들은 종교의 관점에 입각한 특유한 법을 발전시켰다. 로마법 학자들은 12세기부터 로마법을 소생시켰다. 그렇지만 중세의 이런 문제에 몰두한 역사학자들, 이를테면 존 볼드윈과 장 이바네스 등은 로마법에서 교회법으로 이행하면서 어느 정도 변화된 성찰을 드러냈다. 그들은 특히 교회법 학자인 세구시오(수사)의 헨리, 이른바 호스티엔시스(1270년 사망)에게서 이 점을 알아보았다. 그의 《황금대전(Summa aurea)》(1250년경)은 13세기 교황들의 생각과 태도에 상당한 영향을 주었다. 로마법은 물론 교회법 박사였던 호스티엔시스는 의미심장하게 가격의 개념을 변경했다. 로마법 학자들은 계약 당사자들의 합의에 의해, 다시 말해 고유의 논리에 따라 행해지는 흥정에 의해 가격이 결정되고 가격은 어떠한 외부 규정에도 종속되어 있지 않다고 생각했다. 교회법 학자들은 계약 당사자의 합의와는 별개로 그 자체로 존재하는 정당한 가격에 대한 새로운 견해를 발전시켰으며, 이 견해는 규범을 겨냥함으로써 경험에 기초한 법을 대체했다. 존 볼드윈이 보여주었듯이 정당한 가격이 일반적으로 중

세 중기에 지역 시장에 부과되었지만, 그 주요한 특징은 가격 조정이었다. 이로써 정당한 가격은 여러 측면에서 정의의 이상에 근접했다. 그렇지만 현실에서는 상인들, 특히 행동반경이 넓은 사람들, 우리가 수출업자라고 부를 사람들이 최대 이익을 얻으려 애썼다. 결국 그들은 고리대금에 뛰어들었고 의혹을 받았으며 교회는 물론이고 심지어 종교와 무관한 각종 기구의 단죄를 받았다. 가격은 긴 13세기 동안 니콜 베리우가 규정한 움직임에 따라 '미덕과 악덕 사이에서' 실로 다양하게 변화한다.

여러 조합과 회사

13세기에 증대되는 화폐 수요에 부응하고 장인들이나 상인들 간에 연대를 맺으려는 움직임이 생겨나 다양한 형태의 조합을 낳았다(다른 영역에서는 동업조합과 자선 단체가 있었다). 성왕 루이의 치세 말(1265년경)에 파리의 관료였던 에티엔 부알로의 《직업에 관한 책》은 장인의 활동이 상당히 전문화되어 대단히 세분화된 양상을 서술했으며, 동시에 이런 직업—여기서는 대개 무료로 배우며 재정 능력보다 사회관계에 더 많이 의존한다—의 구조와 운영에서 상대적으로 부차적인 중요성을 갖는 화폐, 그리고 경제생활에 대한 엄정한 규제를 보여주었다. 화폐의 확산으로 글을 써 넣거나 회계 장부를 기재하는 일이 더욱 발달했으며 이로 인해 13세기부터 산수 교과서가 증가했다. 상인이 점점 더 많이 정착하여(15세기에 리옹과 제네바에서 열리는 장의 경쟁 관계가 보여주듯이) 중세 말까지 환전과 상당량의 화폐를 유통하는 장소로 남아 있던 장은 13세기부터는 덜 중요해졌으며 여러 계약과 조합이 늘어났다. 상인은 사업을 확장할 수 있었고 이는 실물화폐의 이체가 관건이든 명목화폐의 평가가 관건이든 화폐의 사용과 관련이 있었다.

널리 퍼진 조합의 한 형태는 '코멘다'로, 제노바에서는 '소시에타스 마리스(societas maris)' 그리고 베네치아에서는 '콜레간티아(collegantia)'라고 불리기도 했다. 계약 당사자들은 위험과 이익을 공유하기 위해 서로 연합했지만, 기본적으로 대부업자와 차용자의 관계였다.† 지상 무역을 위한 여러 유형의 연합 계약은 더 많았으며 그러한 계약은 두 가지 기본 유형, '콤파니아(compagnia)' 와 '소시에타스 테라에(societas terrae)'로

† 순수하고 단순한 '코멘다(commenda)' 계약의 경우 출자자는 이동 상인에게 사업차 떠나는 여행에 필요한 자본을 선불한다. 손실이 생길 경우에, 대부업자는 재정상의 모든 부담을 감수하고 차용자는 자신의 노동 가치만을 잃는다. 이득이 생기면, 거주지에 남아 있는 대부업자는 돈을 상환받고 일반적으로 4분의 3에 해당하는 이익을 받는다. 더 특별하게 '소시에타스'나 '콜레간티아'라 불리는 '코멘다'의 경우 여행을 하지 않는 출자자는 자본의 3분의 2를 선불하는 한편, 차용자는 자신의 노동으로 자본의 3분의 1을 부담한다. 손실이 생길 경우, 투자 자본에 비례하여 손실을 분담한다. 이득이 날 경우, 이익금을 절반으로 나누게 된다. 일반적으로 이러한 계약은 어떤 여행용으로 체결되었다. 거기에는 하려는 일의 본질과 목적뿐만 아니라 일부 조건—예를 들어 어떤 화폐로 이익을 지불할 것이라는 내용—이 명시될 수 있었고, 그러한 계약을 통해 시간이 지나면서 점점 더 폭넓은 독립성을 얻은 차용자는 완전한 자유를 누릴 수 있었다. 여기 제노바에서 체결된 계약의 원문을 소개한다.
"증인: 시모네 부쿠초, 오제리오, 펠로소, 피발도 디 사우로, 제노아르도 토스카, 스타빌레 그리고 안살도 가라톤은 한 소시에타스를 만들었다. 그들의 선언에 따라 스타빌레는 거기에 88리라, 안살도는 44리라를 출자했다. 안살도는 이 자본을 가지고 가서 튀니스를 비롯한 여러 곳에서 이익을 남긴다. 그가 탈 배—즉 발디조네 그라소와 지라르도의 배—가 가야 하는 곳 말이다. 돌아왔을 때 그는 스타빌레나 분담을 맡은 대리인에게 이익을 건네줄 것이다. 자본이 공제되었을 경우 그들은 이익을 절반으로 나누게 된다. 샤피트르 사에서 작성, 1163년 9월 29일."
거기다 스타빌레는 안살도에게 그가 원하는 배편으로 이 돈을 제노바에 보내도 좋다고 허가한다.

귀착될 수 있었다. 이런 계약은 해상 무역 계약과는 반대로 1~4년 예정으로 체결되었다.

일부 상인이나 가문 주변으로 다소 힘있는 복잡한 조직이 발전했다. 대개 그러한 조직에 회사라는 이름이 붙여졌지만, 그것들은 오늘날의 회사와는 달랐다. 처음에는 남부 프랑스, 특히 이탈리아 북부에서 구성된 이러한 조직의 이름은 출신지를 상기시켰으며 본사가 다른 곳으로 옮겨 갔을 때도 그대로 남아 있었다. 프랑스에서는 카오르 그리고 이탈리아의 경우 롬바르디아(대개 아스티 출신이었다†), 그리고 중부 이탈리아에서는 시에나와 피렌체였다. 이러한 조직은 긴 13세기 후반기에 주로 환전 업무를 했으나 이후 더 다양하고 복잡하며 투기성을 띠는 진정한 은행 업무로 옮겨 갔다. 이러한 것들은 현대화되었으며 특히 복식부기 체계를 통해 회계의 효율성을 높였다. 기술 차원에서 은행가들이 행한 주요 혁신은 13세기 후반부터 어음을 보급한 것이다. 나는 뒤에서 이 어음을 상세히 살펴볼 것이다.†† 그에 따라 환전 시장이 생겨났는데, 이

† 우리는 20세기 말 아스티에 창설된, 'Cento studi sui Lombardi e sul credito nel medioevo'의 각종 연구와 출판물 덕분에 특히 롬바르디아 사람들이라고 불리는 이 '은행가들'의 대출과 신용 대출 업무에 대해 많은 정보를 제공받았다. 특히 *Credito e società: le fonti, le tecniche e gli uomini, secc. XIV-XVI*, 2000; *Politiche del credito. Investimento, consumo, solidarietà*, 2004; *Prestito, credito, finanza in età basso-medievale*, 2007 참조. 그 센터는 오랫동안 토리노 대학의 교수이자 롬바르디아 사람들의 활동에 대해 중요한 연구서를 출간한 레나토 보르도네(Renato Bordone)가 운영했다. 채무자가 상당히 늘어나 프랑스 왕국의 사법당국은 경범죄 조항을 신설해 빚을 졌을 경우 (파리 샤틀레 감옥 등에) 투옥했다. 빚을 지는 사람을 벌하는 일은 중세 말에 대단히 늘어났으며 프랑스 왕국 너머로 확대되었다. 쥘리 클로스트르의 지도로 수행한 공동 연구서《부채와 심판(La Dette et le Juge)》(Paris, Publications de la Sorbonne, 2006)은 이 문제를 다룬 것이다. 이 책은 13~15세기 프랑스, 이탈리아, 에스파냐, 잉글랜드를 비롯한 대영제국에 관련된 연구서이다.

시장은 14세기와 15세기에 상당히 활발해졌으며 대부분의 기독교 사회에 투기 열풍을 불러왔다. 상인은 일을 수월하게 하기 위해 회계 장부를 늘렸으며 더 유용한 정보가 들어 있는 비밀 장부를 정성스럽게 편집하고 보존했다. 아르만도 사포리가 특기한 바에 의하면, 그 장부는 회계 장부 가운데 오늘날까지 가장 잘 보존된 자료였다.

긴 13세기 말에, 다시 말해 14세기 초에 화폐의 사용과 보급이 대부분의 기독교 사회에—예를 들어 네덜란드와 한자동맹권이 무역을 발달시켰다고는 해도 은행의 발전에는 거의 아무런 관여도 하지 않았으니까 불평등하게—확산되긴 했지만, 이에 따른 첫 번째 난관들이 나타났다. 주요한 두 가지 난관은 은행의 파산과 느닷없이 화폐가치가 변하는 상황이었으며 후자를 화폐 변동이라고 한다. 또한 14세기 말에 몇 차례 큰 반란이 일어나기 전에 1280년 프랑스에서 역사상 가장 오래된 파업과 도시 폭동이 물밀듯이 밀려왔다. 이러한 역사의 파고는 잘 알려지지 않았다. 다양해진 화폐가치의 용도에 관련된 새로운 양상이 틀림없이 그런 역사의 소용돌이에서 어떤 역할을 수행했을 것으로 보이나 우리로서는 알 수 없다.

여러 은행이 난관에 봉착하면서 일부 은행이 파산하게 되었다. 부채가 늘고 개인과 조직이 때때로 상당한 곤경에 처했다. 무엇보다 교황청이나 제후들의 압력을 받으며 그들에게 대출을 해주고 장기간 대부금을 상환받지 못해 재정 부담이 커지자 일부 은행이 파산했다. 1294년부터 뤼베크의 리카르디 가, 아마나티 가, 피스토이아 지역의 키아렌티

†† 10장 참조.

가, 특히 1298년 시에나의 본시뇨리 가의 사례가 그러했다. 그리고 피렌체의 경우 바르디 가, 페루치 가, 아차두올리 가 같은 금융 가문이 자기네 대출자들—백년전쟁을 준비하는 잉글랜드의 왕들 그리고 대단히 멋진 궁을 짓도록 한 아비뇽의 교황들—의 요구로 파산했으며 1341년 공황으로 무너지고 말았다.

09
13~14세기, 위기에 처한 화폐

우리가 살펴보았듯이 긴 13세기 동안에 통화량 증대로 각종 지출과 구매가 늘어났고 한편으로 이런저런 필요가 증가하면서 사람들은 더 많은 화폐를 요청하게 되었다. 대폭 늘어난 지출을 교회는 끊임없이 단죄했을 뿐 아니라 막 탄생하던 통치 체제도 이에 개입하기 시작했다. 12세기 말 잉글랜드 왕 헨리 2세의 자문관이었던 솔즈베리의 존은 정치에 관한 개론서 《폴리크라티쿠스》에서 왕들에게 백성들의 필요에 따라, 하지만 노동과 필요의 관계를 조정하면서 화폐 사용을 규제하라고 충고했다.† 나는 앞에서 미남왕 필리프가 1294년에 포고한 사치단속령에 대

† Cary J. Nederman, "The virtues of necessity: labor, money and corruption in John of Salisbury's thought", 인용 논문, p. 86.

해 말한 바 있다.

우리는 더 폭넓은 화폐 사용을 알리는 현상들, 특히 차입금 및 부채의 증대에 대한 정보나 자료를 별로 갖고 있지 않다. 우리가 살펴본 대로 이러한 부채 문제는 재정 능력이 부족한 상황에서 행정 및 통치 체제를 세우던 제후들의 부채로 정점으로 치달았다. 은행가들은 그들에게 대출을 거절할 수 없었을 것이다.

카오르 사람들, 롬바르디아 사람들 그리고 환전상들

이러한 현상은 14세기 초에 이탈리아 북부 출신의 몇 사람에 한정되어 있었다. 초기에 카오르 출신들이 있었기 때문에 일정 기간 돈을 빌려주는 이 은행가들 중의 일부에 카오르 사람들이라는 이름을 붙였다. 그런데 13세기 후반부터 이들은 보통 '롬바르디아 사람들'이라고 불렸다. 밀라노는 13세기 말에 주요 사업 중심지가 되었고, 제노바와 베네치아는 지중해, 동방세계, 북해, 네덜란드 간의 화폐 거래 요충지가 되었지만, 역사상 그보다 덜 유명한 장소는 사실 이러한 롬바르디아 사람들의 출신지로 우선 피에몬테의 아스티 시를 들 수 있었다. 서부 유럽 전역에 퍼져 있었던 이 롬바르디아 사람들은 고유의 권력을 수호하면서도—화폐 분야에서 명확히 드러난다—자신들의 재정 원조를 이용하려 애썼던 프랑스 왕들과 복잡하고 파란 많은 관계를 유지했다. 미남왕 필리프 치세에서 독단적인 체포를 비롯하여 롬바르디아 사람들을 차별하는 조치가 여러 차례 취해졌다. 미남왕 필리프는 특히 1303~1305년 그리고 무엇보다 1309~1311년 롬바르디아 사람들에 대한 각종 조사를 실시했다. 필리프

5세(1316~1322)와 샤를 4세(1322~1328)는 롬바르디아 사람들에게 '기부'를 요구했다. 프랑스 왕들이 차입금을 상환하지 않음으로써 몰락한 시에나와 피렌체 출신의 여러 조직은 우리가 살펴본 대로 파산했다. 필리프 6세의 치세(1328~1350) 초기에 백년전쟁을 준비하는 데 자금을 대기 위해 그들에게 치명타를 안긴 것이다.†

그와 반대로 잉글랜드와 네덜란드에서는 롬바르디아 사람들이 대개 더 나은 대우를 받았다. D. 커스먼††은 조반니 디 미라벨로가 맺은 여러 관계를 연구했다. 이 사람은 피에몬테 출신으로 브라반트에 정착해 판 하엘런(Van Haelen, 1280~1333년경)이라는 이름으로 은행가가 되었으며, 작위를 받았고, 브라반트 공작의 자문관 노릇을 했다. 비록 어떤 사람의 고소로 1318~1319년 몇 달 동안 메헬렌 시 당국에 의해 투옥되긴 했지만 말이다. 이는 14세기 초에 여전히 이중적인 성격을 띠었던 화폐의 특징을 보여준다. 마찬가지로 롬바르디아 사람들은 말라바일라 회사와 소시에타 데이 레오파르디(Società dei Leopardi)가 런던에 자리 잡으면서 13세기 말과 14세기 초에 잉글랜드 왕의 가장 중요한 측근이 되었다.††† 하지만 대체로 미움을 받았고 대부분의 기독교 사회에서 조롱을

† Robert-Henri Bautier, "Le marchand lombard en France aux XIII^e^et XIVe siècle", *Le Marchand au Moyen Age* (congrès de Reims, 1988), SHMES, 1992, p. 63~80.

†† "Jean de Mirabello, dit Van Haelen. Haute finance et Lombards en Brabant dans le premier tiers du XIVe siècle", *Revue belge de philologie et d'histoire*, 77/4, 1999, p. 843~931.

††† Renato Bordone et Franco Spinelli(dir.), *Lombardi in Europa nel Medioevo,* Milan, 2005; Renato Bordone(dir.), *Dal banco di pegno all'alta finanza: lombardi e mercanti-banchieri fra paesi Bassi e Inghilterra nel Trecento*, Quaderni/Cahiers del Centro studi sui Lombardi, sul credito e sulla banca, 2, 2007-II.

받았다. 화폐는 그곳에서 귀족 작위를 얻지 못했고 부채를 진 사람들은 누구 할 것 없이 대부업자들을 몹시 싫어했다. 롬바르디아 사람들은 기독교 사회에서 대부업자라는 나쁜 이미지를 유대인들과 나눠 가졌고 반감과 혐오감을 불러일으켰다. 하지만 유대인들과 마찬가지로 박해를 받진 않았다. 이미지는 좋지 않았지만 거기에는 종교적인 요소도 역사적인 요소도 없었기 때문이다.†

대부업자들은 12세기 말부터 발전했다고 전해진 환전상들과 구별되지 않았는데, 대부업자들 곁에서 수행된 한 가지 기능은 주화가 점점 더 다양해짐에 따라 꼭 필요하게 되었다. 그들은 장인들과 마찬가지로 길가 쪽으로 문을 연 가게 안에서 또는 길가에 있는 긴 의자나 테이블 위에서 거래를 했다. 고객들이 대개 여러 명씩 함께 찾아왔기 때문에 거래를 용이하게 하기 위해 환전상들은 무리지어 있었다. 그들은 브뤼헤에서는 테이블을 대광장 근처에 피렌체에서는 커다란 직물 시장 근처에 두었다. 또 베네치아에서는 자신들의 시장의자를 구시장과 신시장에, 제노바에서는 필기의자를 성 조르조의 집(la Casa di San Giorgio) 근처에 있는 리알토 다리 위에 두었다. 그들이 수행한 전통적인 두 가지 직무는 다음과 같다. 환전과 귀금속 거래. 그들은 귀금속으로 된 '화폐'의 주요 공급자였으며 자신들의 고객에게서 주괴나, 대개 식기류 형태로 귀금속을 받았다. 화폐 주조자들이 독점하긴 했지만 그들 역시 상황에 따라 귀금속을 수출하기도 했다. 이러한 거래를 통해 귀금속 가격에 상

† Jacques Labrot, *Affairistes et usuriers au Moyen Age*, tome 1, Les Lombards, *l'hérésie et l'Eglise*, Ed. La Louve, 2008.

당한 영향을 미쳤다.

화폐 변동

13세기 말부터 화폐와 관련해 갖가지 혼란이 일어났다. 그 결과 화폐가치가 변하기도 했다. 이를 화폐 변동이라고 한다. 나는 이러한 현상을 마르크 블로크의 주목할 만한 저서인《유럽 화폐사 개요》를 빌려 설명할 것이다. 이 책은 그가 사망한 후인 1954년에 출간되었다. 중세의 여러 화폐는, 일반적으로 화폐 주조권과 유통권을 가진 공권력이 정해진 법정 시세에 따라 유통시켰다. 그러니까 영주, 주교, 그리고 제후와 왕이 그런 공권력이었다. 이러한 법정 시세 말고도 업계가 정한, 부차적이고 유동적인 '거래상의' 혹은 '자발적인' 시세가 존재했다. 오랫동안 이 이중 시세는 상당히 안정된 채로 유지되었다. 하지만 13세기 말에 화폐 주조권을 가진 권력은 한편으로는 통화 단위로, 또 한편으로는 금속 무게로 표현되는 교환 가치를 변경하기 시작했다. 이러한 변화를 변동이라 했는데 이것은 두 가지 방향으로 작동될 수 있었다. 일정 통화 단위에 상응하는 금속 무게를 늘리면서 화폐를 '강화할' 수 있었고, 반대로 약화시킬 수도 있었다. 가장 빈번했을 뿐 아니라 중요한 화폐 변동은 강화가 아니라 약화였으며, 오늘날에는 이를 평가절하라고 한다. 화폐가치 체계는 13세기에 금화 주조의 재개와 기독교 사회에서 제정된 양본위제에 의해 복잡해졌다. 따라서 화폐가치는 조합되는 세 요소, 그러니까 귀금속 비중, 다른 화폐에 대한 가치 그리고 명목화폐에 대한 가치에 의존했다. 그런데 1270년 무렵부터 프랑스뿐만 아니라 나폴리 왕국, 베네치아, 로마 교황청에서 금 가격이 올라갔다. 프랑스 왕은 1290년경 첫 번째 변동을 단행할 수밖에 없었다. 귀금속 가격은 계속 상승했고 미남왕 필리프는 1295년과 1303년에 다시 변동을 포고했다. 1306년, 1311년, 1313년에 일명 '올바른' 화폐로 귀환하려 했으나 이런 시도들은 실패로 돌아갔다. 그래서 미남왕 필리프 이후에 화폐는 1318~1330년 연속해서 약화되었다. 1318~1322년 화폐 변동은 특히 투르에서 주조된 그로화에 영향을 미쳤고, 1322~1326년의 화폐가치 약화는 무엇보다 어린 양이 새겨진 금화와 관련이 있었다. 1326~1329년 왕국 정부는 화폐가치 하락을 막아내지 못하는 모습을 보였고 해당 화폐를 두고 '녹아내리듯이 급격히 줄어든다'고 말했다.†

이러한 변동은 화폐 유통을 경제 현실에 맞추기 위한 조치만은 아니었으며 제후들, 특히 그저 불완전한 세제를 갖추었던 프랑스의 왕에게는 자신의 부채를 줄이면서 돈을 벌어들이는 방편이기도 했다. 그와 반대로 상인들과 임금 노동자들에게는 불리했으므로 격렬한 반발을 불러일으켰다. 수차례의 화폐 변동은 14세기 민중 봉기와 정치 소요의 주된 원인 가운데 하나가 되었다. 신민들은 왕에게 '올바른', 그러니까 안정된 화폐 보장을 요구했고, 이러한 변동에 대한 반응 덕에 상응하는 여론이 형성되었다. 미남왕 필리프에게는 '가짜 화폐 주조자'라는 경멸 어린 별명이 붙었다. 그렇지만 16세기까지 '가짜' 증서들이 많이 제조되어 별다른 문제 없이 유통되었다. 8세기에 로마에서 만들어져 교황령의 존

† R. Cazelles, "Quelques réflexions à propos des mutations de la monnaie royale française (1295~1360), *Le Moyen Age*, 1966, p. 83~105 et p. 251~278.

재를 정당화해준 가짜 '콘스탄티누스 기부장'이 생각난다. 중세 전 기간에 걸쳐 비잔틴 화폐나 이슬람 화폐를 본뜬 모조 화폐들이 기독교 사회에서 쉽사리 유통되었다. 경멸의 의미가 담긴 위폐 주조 관념은 탈봉건의 개념에 해당하는, 주권 국가임을 자처하는 정치 체제의 탄생에 연결되어 있었다. 그리고 그런 관념은 점진적으로 화폐에 대한 왕의 특권이 확립되는 과정에 포함되었다. 그 특권을 침해하는 죄를 나중에 '국가의 권위에 대한 모독죄'라고 부르게 된다. 14세기와 15세기에 왕의 화폐 주조권을 침해하는 것에 지나지 않은 행위를 상당히 거칠게 진압한 몇몇 사례가 있다. 13세기부터 잔인한 처벌(눈을 도려내기, 끓는 물에 담그기)이 때로 프랑스 왕국에서 언급되었는데, 실제 이렇게 처벌하지는 않은 것 같다.

'금의 승리'

유럽의 통화 안정은 스퍼포드가 말한 '금의 승리'로 교란되기도 했다. 영국 역사학자 스퍼포드는 사실상 13세기에 양본위제가 회복된 이래 금이 우위를 차지했으며, 이로써 금과 은 사이의 가치 비율이 변경되었다고 생각했다. 아프리카나 동방세계의 금광과 비교하지는 않았지만 상당히 큰 금광이 1320년경부터 헝가리의 크렘니카에서 집약적으로 개발되었다. 14세기 초에 헝가리에서 그리고 무엇보다 전통적으로 금을 공급하던 아프리카와 동방세계에서 수입된 금의 사용 가능성은 상당히 컸다. 그러한 금이 대거 한곳에 집결되고 재분배되는 중심지는 베네치아였다. 베네치아에서 재수출하는 금은 수많은 화폐 주조소에 공급되었다. 그 가운데 가장 규모가 큰 곳은 틀림없이 피렌체 주조소였을 것이다. 연대기 작가인 조반니 빌라니(Giovanni Villani)는 1340년경 피렌체 시의 화폐 당국은 매년 35만~40만 플로린어치의 금화를 주조했다고 단언했다. 프랑스에서는 우선 파리에서 금화가 주조, 유통되었고 특히 필리프 6세가 백년전쟁을 치르기 위해 각종 지출을 늘렸을 때 대부분의 지역으로 확산되었다. 금화의 주조와 유통은 론 계곡에서 늘어났으며 아비뇽의 교황들, 특히 1342~1352년 클레멘트 6세의 지출에 충당되었다. 1330년대 말에 이르러서야 비로소 상당량의 금화가 북서 유럽에 도달했는데, 무역보다 정치적인 이유 때문에 더 그러했던 듯하다. 프랑스의 필리프 6세와 마찬가지로 잉글랜드의 에드워드 3세는 백년전쟁 초기에 거금을 들여 동맹자들을 매수했다. 그의 주요 대부업자들은 피렌체의 금융 가문, 특히 바르디 가와 페루치 가였다. 그의 동맹자들 가운데 가장 횡재한 이는 브라반트의 공작으로 그는 36만 플로린을 받았을 것으로 추정된다. 에드워드 3세는 바이에른 왕국의 루트비히 황제를 매수해 군사 원조를 받아낸 반면, 필리프 6세는 자신의 대의를 위해 돈을 주고 플랑드르 백작과 보헤미아의 왕이었던 룩셈부르크 가문의 존 왕과 동맹을 맺었다.

이러한 상황에서 브라반트, 에노, 겔드르, 캉브레의 화폐 주조소에서 은괴는 자주 금화로 대체되었다. 그곳에서는 1336~1337년 처음으로 금화가 주조되었다. 피렌체의 플로린과 그것의 모조 화폐, 프랑스의 에퀴 금화, 독일의 콜로냐 · 마옌스 · 트리어의 대주교들, 밤베르크의 주교와 몇몇 세속 영주들에 의해 점점 더 널리 주조된 금화가 추가되었다. 화폐 주조소들은 라인 강과 마인 강 계곡에 집중되어 있었다. 한자

동맹 영역에서는 뤼베크의 화폐 주조소만 유일하게 계속 은화를 발행하면서 1340년부터 금화를 주조했다. 뤼베크의 금화는 다른 곳에서는 우세했던 정치적인 움직임에 연관되어 있지 않았던 듯하다. 이런 금화는 단순히 브뤼헤와의 거래에 사용될 터였다.

금화로 지불하는 경향은 무역에까지 확산되기 시작했다. 특히 위대한 중세의 수출품, 그러니까 영국의 모직물에는 1340년 무렵부터 점점 더 비싼 값을 지불해야 했다. 에드워드 3세는 잉글랜드로 건너온 피렌체 화폐 주조자들의 지원을 받아 '노블' 화라고 명명된 금화를 주조했다. 잉글랜드는 맛을 들였는지 가장 주목할 만한 백년전쟁 포로의 몸값을 금화로 지불하게 했다. 프랑스의 선량왕 장 2세였는데, 그는 푸아티에 전투(1356)에서 포로가 되었다. 헝가리에서 금광을 개발했지만 금화는 16세기 이전에 중동부 유럽에서 헝가리의 두카토를 제외하면 아주 소량으로만 주조되었다. 헝가리의 두카토 화는 금 생산량 증대에 따라 유통량이 늘어났다. 피렌체와 베네치아에는 14세기 중반부터 금화가 상당히 널리 퍼져 있어서 은화 대신 가장 많이 쓰이는 명목화폐가 되었다. 아프리카 금, 특히 모로코 시드질마사에서 생산되는 금은 계속 수입되었다. 이는 14세기 중반의 위대한 이슬람 작가이자 여행객인 이븐 칼둔과 이븐 바투타에게 강한 인상을 주었으며 아랍 상인들은 사하라와 이탈리아, 특히 에스파냐와의 무역에 적극 나섰다. 이러한 아프리카의 금으로 에스파냐의 화폐 주조소들은 카스티야에서 도우블레(double) 금화를 그리고 아라곤에서 플로린 금화를 주조했다.

두 차례의 안정화 시도

통화 변동과 그로 인한 혼란은, 경제적인 것이 정치적이고 (전반적으로는) 종교적인 체제에 포함된 사회에서 예상할 수 있듯이, 영향력이 큰 저서를 탄생시켰다. 그것은 오늘날에도 경제라고 부르는 것을 다룬 중세 스콜라 철학의 걸작으로 남아 있다. 파리 출신으로 대학에서 학생들을 가르쳤던 니콜 오렘(1320년경~1382년)의 《화폐론(De moneta)》이다. 그는 파리 대학 예술학부의 가장 유명한 콜레주인 나바르 콜레주의 학장이었고(1356~1361) 거기서 1360년 이전에 우선 라틴어로, 그후에는 프랑스어로 이 개론서를 썼다. 이 책은 14세기에 여러 번역과 아리스토텔레스의 주해, 그리고 수학, 음악, 물리학, 천문학, 우주학에 관련된 저작들이 포함된 상당히 알찬 업적 가운데 부차적인 것으로 간주되었다. 니콜 오렘은 점성학과 갖가지 예언술 및 마술을 격렬히 비난했다. 하지만 오늘날 그의 글 가운데 가장 많이 알려지고 유명한 것이 바로 《화폐론》이다. 정치성을 띠는 이 저서에서 오렘은 화폐 변동의 폐해, 왕들이 왜 화폐를 안정시켜야 하는지를 역설했으며, 화폐가 왕의 특권에 속하긴 하지만 화폐는 왕의 개인 재산이 아니라 그것을 사용하는 사람들의 공동 재산이라고 주장했다. 니콜 오렘의 개론서는 아마도 프랑스의 선량왕 장 2세에게 영향을 미쳤을 것이다. 장 2세는 '올바른 화폐'를 복구했다. 그는 안정된 화폐인 프랑 화를 금화 형태로 복원했으며, 동시에 백합 무늬가 새겨진 그로 은화, 투르와 파리에서 주조된 드니에를 24피에로 복구했다.†

이 프랑 화는 성왕 루이가 제조하려 했으나 성공하지 못한 바 있으며 수세기 동안 사용되었다. 1360년 12월 5일 콩피에뉴에서 공포된 왕의 칙령으로 주조가 결정되어 실무와 행정 차원에서 엄정히 집행되도

록 고위 장성들 및 대법관, 지방 재판관들에게 전달되었다. 금으로 만든 이 얇은 프랑 화는 1마르, 다시 말해 244.75그램으로 63개가 주조되었으며, 개당 시세는 투르에서 주조된 화폐로 20수에 해당되었다.

> 환전하는 사람들에게 금 1마르당 이 프랑 화 열 개, 순도 4드니에 12그레인인 은 1마르당 투르에서 주조된 화폐로 108수, 순도 4드니에 12그레인인 은의 다른 모든 중량의 경우 투르에서 주조된 화폐로 4리브르 18수가 주어질 것이며, 왕권이나 다른 대리인들이 만들도록 한 얇은 금화 드니에는 이에 관한 칙령이 발표된 이래 그 시세가 파리에서 주조된 화폐로 개당 13수 4드니에에 그칠 것이다. 그리고 시세가 투르에서 주조된 화폐로 10드니에였던 블랑 화는 투르에서 주조된 화폐로 개당 4드니에에 불과하게 될 것이며, 다른 모든 금화와 은화는 마르에 따라 보조화폐로 투입될 것이다.††

선량왕 장 2세의 아들인 샤를 5세(1364~1380)는 통화 안정에 상당히 주의를 기울였다. 그는 1309년에 나온 가짜 화폐 주조자들을 파문하는 교황 클레멘트 5세의 교서를 프랑스 왕국에 폭넓게 보급하여 위조와 투

† 1337년부터 은화의 변동은 피에(pied)로 정해졌는데 피에를 통해 화폐의 약화 혹은 강화 정도를 알 수 있었다. 에티엔 푸르니알의 저서 《중세 서구사회의 화폐사(Histoire monétaire de l'Occident médiéval)》(Paris, 1970, p. 30, 31)에 복잡하지만 중요한 피에 개념이 정의되어 있다.

†† F. de Saulcy, Recueil de documents relatifs à l'histoire des monnaies frappées par les rois de France..., t. 1, Paris, 1879, p. 455. 에티엔 푸르니알의 저서 《중세 서구사회의 화폐사》, p. 158에 들어 있는 글로 현대 프랑스어에 맞추어 수정한 것이다.

기를 척결했다. 1370년 그는 공식 화폐의 시세를 준수하지 않는 모든 화폐는 평가절하하고 보조화폐, 다시 말해 가치가 아주 낮은 검은 돈으로만 이용하라고 명령했다.

성직자 계급은 정의를 내세워, 상인들은 사업상의 효율이라는 이유로, 전체 민중은 평가절하가 대개 임금 감소와 가격 상승으로 이어진다는 이유로 더더욱 통화 안정을 요구했다. 통화 안정을 유지하기 위한 유럽 군주들의 노력에도 불구하고 다양한 화폐의 약화 현상은 16세기까지 지속되었다. 스퍼포드의 계산에 의하면 1300~1500년 유럽의 모든 화폐는 약화되었지만 나라에 따라 그 정도는 달랐다. 왜냐하면 지속적으로 다양한 화폐가 존재했지만 기독교 사회 내에서 일반적으로 국가의 힘을 강화하려는 경향은 화폐 사용 양상이나 화폐의 기준 가치에 본질적으로 국가와 관련된 어떤 틀을 제공하기도 했기 때문이다. 가치가 약화된 순서로 스퍼포드가 작성한 목록은 다음과 같다. 잉글랜드(1.5퍼센트 손실), 아라곤과 베네치아(1.9퍼센트 손실), 보헤미아(2.5퍼센트 손실), 한자동맹(2.7퍼센트 손실), 피렌체(3퍼센트 손실), 로마(2.8퍼센트 손실), 프랑스(3.9퍼센트 손실), 오스트리아(5퍼센트 손실), 플랑드르(6.1퍼센트 손실), 콜로냐(16.8퍼센트 손실), 카스티야(65퍼센트 손실). 이런 통화 불안정으로 주로 제후에게 비난의 화살이 돌아갔으며, 그의 권력을 제한하기 위한 회합이 여러 차례 열렸다. 1314년 브라반트의 귀족 계급과 부르주아들이 공작에 대해 그런 조치를 취했으며 1320년, 1321년, 1329년, 1333년에 프랑스의 오일어 사용 지역에서 수차례 열린 회합에서도 그러했다. 백년전쟁의 재개는 프랑스에서 1417~1422년 그리고 1427~1429년에 다시 화폐의 약화—하지만 미미하고 일시적인 약화—를 초래했다. 화폐의

변동은 도시나 시골의 다수 인민이 왕이나 영주에게 항거하거나 반란을 일으키도록 부추기는 요소가 되었다. 중세 말은 특히 프랑스와 네덜란드에서 전쟁의 시기이자 반란의 시기였다. 이러한 반란이 일어났을 때 대상인들이 대개 민중 곁에서 혹은 민중의 선두에 서서 중요한 역할을 했다. 이를테면 1355~1358년 파리의 에티엔 마르셀, 1413~1414년 파리의 푸주한 카보슈, 1337년 그리고 1381~1382년 리에주 사람들인 반 아르테벨데 부자들이다. 방직공들이 반란을 일으킨 경우도 마찬가지였으니, 1375~1378년 피렌체에서 '촘피(Ciompi)'의 난이 일어났으며 특히 14세기와 15세기 카스티야에서 노동자들이 봉기했다. 카스티야는 화폐가 대폭 약화된 곳이었으며 봉기도 가장 많이 그리고 격렬하게 일어난 지역이었다.

1350년 피렌체의 플로린 화 하나가 카스티야에서 20마라벨리에 교환된 반면, 1480년에는 동일한 플로린이 약 375마라벨리에 교환되었다. 화폐가 거의 변동되지 않은 사례의 본보기로 여겨지는 잉글랜드는 계속해서 상당한 규모로 모직물을 수출한 덕에, 그리고 1352년 이래 영국 왕실의 화폐가치는 의회가 결정하는 법령에 의해서만 변할 수 있었기 때문에 화폐가 안정되었다.

세제의 갖가지 취약점

당국들, 주로 왕실이 통화 안정에 관심을 쏟아 성공을 거두었는데, 세제 편성에는 그러한 관심을 보이지 않았다. 중세에 화폐의 주요 역할 가운데 하나는, 무역과 일상의 교역이 발달하는 가운데 화폐가 사용되는 상황 가까이에서 탄생하고 있는 국가가 필요로 하는 재원의 출현이나 증가를 촉진하는 것이었다. 앞서 살펴보았듯이 이러한 핵심적인 현상, 중앙집권화된 통치 체제—혹은 잉태 단계의 통치 체제—가 공권력을 지배하는 현상이 나타난 가운데 이를 실현하려는 사람들은 필요한 수단을 화폐에서 찾으려 했고 부분적으로 찾아냈다. 우리는 이러한 과정을 살펴보았다. 이는 잉글랜드에서는 헨리 2세(1154~1189), 프랑스에서는 필리프 오귀스트(1180~1223) 치하에서, 교황 정치 체제에서는 인노켄티우스 3세(1198~1216)에 이어 아비뇽의 교황들(1309~1378) 치하에서 강력한 추진력을 얻었다.

고전적인 봉건 체제에서 왕은 첫째 영주로서 '자기 것', 다시 말해 왕령의 각종 소득으로 살아가야 했다. 특히 프랑스에서 왕령이 13세기와 14세기에 늘어나긴 했지만, 대장원 그리고 무엇보다 모든 층위에서 종복들을 점점 더 많이 고용한 군주정에 충분히 자금을 대줄 수는 없었다. 마찬가지로 대영주와 군주들의 역할은 행정, 사법, (특히 화폐 때문에) 경제 영역에서 강화되었으며 의복, 축제, 선물 등에서 영주와 왕은 점점 더 화려하고 성대하게 지위를 과시하였다. 그 결과 백성들에게서 특별한 재원을 얻지 않을 수 없었다. 오늘날 이러한 재원은 세금이라고 부른다. 여러 조직체와 관련하여 특별한 재원에 대한 요구가 드러났다. 이러한 조직체는 12세기부터 일반적으로 독립기관이 되어 점점 더 인접한 곳에서 얻는 이러한 재원으로 살아가게 되었다. 그 조직체는 바로 도시들이었다. 이례적인 이런 세제와 관련된 세금을 처음으로 정당화해준 것은 십자군 원정이었다. 예를 들어 프랑스 왕은 1프랑에 10상팀의 세금이 부과되는 특별세 '10분의 1세(décime)'를 징수했다. 그는 십자군 원

정 이후에도 이 특별세를 유지했으며 왕국의 질서를 보장하기 위한 수단으로 13세기 말부터, 특히 14세기 아비뇽 교황 시절에 교황과 이 특별세 수입을 나누어 가졌다.

알다시피 14세기와 15세기, 무엇보다 16세기에는 인구가 많이 줄어들었다. 필경 14세기 전반에 인구가 상당히 감소하기 시작했을 것이다. 1317~1318년 대기근이 재발했으며 소위 '이촌' 현상이 일어났다. 이러한 인구 위기는 1348년부터 전염병이었던 흑사병, 다시 말해 서혜선종 페스트가 연이어 창궐함으로써 대단히 심화되었다. 상기시키거니와 수차례의 전쟁은 여러 도시, 제후 그리고 국가 재정에 막중한 부담이 되었다.

중세의 마지막 두 세기의 세제는 부침을 겪을 수밖에 없었다. 국가는 권력 확대를 위해 더 많은 소득을 확보해야 했지만 주민들의 저항으로 16세기 이전에는 안정된 세제를 구축하지 못했다. 세금을 잘 사용하는 데 성공한 교황 정치 체제 또한 부침을 겪었다. 교황청은 활동을 단일화하고 종교와 무관한 은행가들에게 의존함으로써 14세기 전반기에 기독교 사회에서 최고의 재정 능력을 보유했다. 여러 도시, 이탈리아의 국가들, 프랑스 왕국과 맺은 관계는 만족할 만했다. 그와 반대로 대영제국은 독일에서 교황의 요구에 완강하게 반대했고 영국의 군주정과 교황청은 세금 문제를 둘러싸고 끊임없이 전쟁 상태에 놓였다. 이러한 상황은 15세기 프랑스에서 부분적으로 다시 발견되었다. 교황권의 두 가지 주요한 국고 수입 가운데 성직자세는 성직록 소득의 변화에 맞춰 할인받을 수 있었다. 그와 반대로 성직록을 받는 사람이 부재한 시기에 주교 상주 도시의 재정에 부담을 준 성직록 취득 헌납금(성직자가 교황청에 바치는 일종의 소득세—옮긴이)의 경우 이러한 유연성을 누리지 못했고 대개 부담이 상당히 컸다. 교황 당국은 대금을 여러 차례 나누어 지불하는 방식을 용인했으며 심지어 이 헌납금을 인하하기도 했다. 끝으로 아비뇽의 교황 정치는 종종 여러 국가의 반대에 부딪혔는데 이러한 국가들은 이 징수가 국가의 재정 권력을 침해하는 것이라고 생각했다.

국가의 세제 문제와 14세기, 15세기에 그러한 문제가 변화하는 양상은 프랑스의 사례가 명확히 설명해준다. 이 문제가 불거진 시기는 미남왕 필리프 치세(1285~1314)였다. 미남왕 필리프와 자문관들은 우선 시장의 각종 거래에 대하여 정기적이지는 않더라도 다소 지속가능한 세금을 제정하려고 애썼다.

1291년 "왕국의 방어를 위하여" "리브르 대비 드니에" 세금이 만들어졌다. 이 세금은 모든 사람들을 강타했고 6년 동안 유지되었다. 하지만 수익이 미미했기 때문에 미남왕 필리프는 1295년에 상품 판매세에서 상품 저장세로 세금을 변경했다. 이러한 특별세는 실패했다. 미남왕 필리프는 이미 일부 도시에서 성공적으로 시험을 거친 세금들을 국가 차원에서 제정하기를 원했다. 이러한 세금은 기존 재산이나 왕국 거류민들의 소득을 대상으로 한 것이었으며, 왕국에 사는 모든 남자들에게 부과된 병역 의무를 대체한다고 선언되었다. 이는 왕실 당국이 가신 소집령에까지 적용한다고 선언함으로써 더욱 강조되었다. 1302년, 1303년, 1304년에 새로운 세금들이 징수되었으며 미남왕 필리프는 여러 회합에서 주요 성직자들과 세속의 주요 인사들의 동의를 간청했다. 때로는 특별히 군주정에 연결된 도시들, 일명 '올바른 도시들'의 동의를 간청하기도 했다. 1341년에 만들어진 간접세는 1356년에 폐지할 수밖에 없었

다. 세금을 부과하기 위한 이러한 노력은 14세기와 15세기 초에 산발적으로 일어난 반란의 주요 원인이었으며 무엇보다 일종의 불완전한 의회라고 할 수 있는 신분제 의회에 지속적으로 중요한 권력을 넘겨주었다. 왕은 새로운 세금의 제정안 심사를 이 의회에 회부해야 했다. 프랑스 왕권은 결국 이러한 세제 관리를 개선하지도 못했다. 심지어 그렇게 하려 들지도 않았는지 모른다. 14세기와 15세기 프랑스 군주정의 재정에 필요한 예산도 없었다. 중세에 가격과 수치로 표현된 자료를 제공하는 문헌이 드물기 때문에 그 예를 밝히기는 상당히 어렵다. 어쨌거나 백년전쟁 동안 존재했던 것과 같은 대규모 군사 작전이 수행되기 전의 날들을 제외하고 프랑스 군주정은 재정 분야에서 별다른 대비를 하지 않았다. 경제와 재정 분야에서 특별히 주안점을 두었던 일부 항목에서만 그렇게 했을 뿐이다. 우고 투치가 보여주었듯이 베네치아의 사례가 그러했다.†

† Ugo Tucci, "Alle origini dello spirito capitalistico a Venezia: la previsione economica", *Studi in onore di Amintore Fanfani*, vol 3, A. Giuffre Ed., Milan, 1962. 중세 베네치아의 대비 정신에 관한 투치의 연구를 이용하긴 하지만 그의 가정에 동조하지는 않는다. 그의 가정에 따르면 거기에서 관건은 자본주의 정신을 보여주는 첫 번째 신호일 것이다.

중세 말에 개선되는 재무 체계

아마도 긴 13세기 동안만큼 발달하지는 않았을지라도 14세기와 15세기에 어쨌든 상업이 발전해 새로운 수단이 나타난다. 이것으로 점점 더 돈이 필요한 기독교 사회를 원조할 수 있게 되었다. 새로이 실물화폐를 대거 제공하는 수단을 사용하지 않고도 말이다. 유럽의 귀금속 광산은 충분치 않았고, 아프리카나 동방세계에서 불확실하게 귀금속이 공급됨으로써 유럽의 통화 수단은 제한되었다.

어음과 보험 계약

새로운 두 가지 주요 수단은 어음과 보험이었다. 실물화폐가 충분하지 않은 상태에서 이를 통해 새로운 화폐 수요를 부분적으로 충족시켰다.

어음은, 필요한 화폐를 충분히 확보하지 못하는 상황뿐만 아니라 화폐 시장의 계절적인 변동에 중세 상인들이 보인 반응 때문에 등장했다고 볼 수 있다. 화폐 변동은 무엇보다 장이 열리는 날짜, 수확의 결과와 연중 수확 시기, 해상 무역 선박의 도착과 출발, 통치자들의 재무 및 재무 행정 관행 때문에 나타났다. 우리는 앞서 봉건 부과조에 화폐가 도입됨으로써 전통적인 지불 일정이 변경되었다는 점을 살펴보았다. 9월 말의 성 미카엘 축제, 11월 초의 만성절이 대량 지불 시기였다. 화폐 수요는 다른 관습에 따라 변할 수 있었다. 베네치아의 한 상인이 15세기 중반에 기록한 내용을 보자.

> 제노바에서는 선박의 출항 때문에 9월, 1월, 4월에 화폐 값이 오른다. (……) 교황이 있는 로마에서는 공석인, 성직록이 따르는 성직의 수에 따라 그리고 교황이 자리를 옮기는 경우에 화폐 가격이 변하는데, 교황이 있는 곳에서는 도처에서 화폐 가격이 오른다. (……) 발렌시아에서는 밀과 쌀 때문에 7월과 4월에 화폐 가격이 오른다. (……) 몽펠리에에서는 세 차례 장이 설 때 화폐 가격이 많이 오른다.

벨기에 역사학자 레이몽 드 루버가 정의한 어음의 원리는 다음과 같다.

> 어음은 하나의 협약으로 그 협약을 통해 '발행인'은 (……) '수취인'에게 일정 금액의 돈을 주고 (……) 그 대가로 기한에 지불하겠다는 약속을 받았다(신용 거래). 다른 장소에서 다른 화폐로(환전업) 지불하겠다는 내

용으로 말이다. 따라서 환 계약으로 신용 거래와 환전업이 생겨났으며, 이 두 가지는 긴밀히 연결되어 있다.

여기에 프라토의 프란체스코 디 마르코 다티니가 남긴 기록에서 발췌한 한 가지 어음을 소개한다.

"신의 이름으로, 1399년 12월 18일, 당신은 이 첫 번째 어음에 의해 브루나치오 디 귀도 상사에 (……) 바르셀로나에서 CCCCLXXII 리브르 X수를 어음 지불 기간에 내야 합니다. 그중 에퀴당 10수 6드니에로 쳐서 900에퀴 상당의 472리브르 10수는 리카르도 데그랄베르티 상사가 여기서 내게 지불했습니다. 규정에 맞게 돈을 지불해서 내 계좌에 넣으시오. 신께서 당신을 지켜주시길.
귀글리엘모 바르베리
브뤼헤에서 인사 전합니다."

상대편에서는
"1399년〔1400〕 1월 12일 수령"

이면에는
"프란체스코 디 마르코 상사, 바르셀로나
첫 번째"〔어음〕

바르셀로나에서 '어음 지급인(바르셀로나에 있는 다티니 사의 지사)'이

'수익자(마찬가지로 바르셀로나의 브루나치오 디 귀도 사)'에게 '발행인' 혹은 '수취인(브뤼헤의 이탈리아 상인, 귀글리엘모 바르베리)'의 요청에 따라 지불하는 어음에 관한 것으로 '발행인(브뤼헤에 있는 리카르도 데그랄베르티 사)'은 이 사람에게 에퀴당 10수 6드니에로 쳐서 900에퀴를 지불했다.

귀글리엘모 바르베리는 카탈루냐와 정기적으로 거래하는 플랑드르 직물 수출업자로 피렌체의 힘있는 상인이자 은행가인 알베르티 가의 브뤼헤 지사를 통해 플랑드르의 에퀴 화폐로 돈을 받았다. 서신을 주고받는 바르셀로나의 다티니 사에 보낸 상품의 판매를 기대하며 그는 이 다티니 사 앞으로 어음을 발행했는데 바르셀로나에서 알베르티의 서신 교환 상대인 브루나치오 디 귀도 상사에 (……) 그 어음을 지불해야 한다. 분명 신용 거래와 환전업이 존재했다. 그가 1400년 1월 12일 어음을 받고 나서 30일이 지난 1400년 2월 11일에 바르셀로나에서 지불되었다. 이렇게 지연되는 기간이 일명 '어음 지불 기간'으로 장소에 따라 다양했으며—브뤼헤와 바르셀로나 사이에서는 30일—이를 통해 어음의 진정성을 확인하고 필요하다면 돈을 확보하게 되었다.

그렇게 해서 어음은 상인에게 다음 네 가지 가능성을 제공했다.

a) 상업상 거래의 지불 수단.

b) (다른 화폐를 이용하는 장소 사이의) 자금 이체 수단.

c) 신용의 근거.

d) 앞에서 규정된 틀 내에서 다양한 장소의 환 차이와 변화를 노리면서 이득을 얻는 것. 실제로 상업상의 거래 이외에 두 장소 혹은 대개 세 장소 사이에서 어음이 거래될 수 있었다. 이러한 환 시장은 14세기와

15세기에 상당히 활기를 띠었으며 대규모 투기의 계기가 되었다.†

그와 반대로 중세 상인은 이서와 할인 관행을 알지 못했던 듯한데 이는 16세기에 비로소 실행되었다. 상당히 초보적인 기법으로 단순한 지불 명령에 지나지 않는 채권 방식은 중세 말에 한자동맹권에서 발견되었다.

몇몇 중세 연구가들이 모여 위험 개념을 두고 논쟁을 벌였다. 나는 이 문제를 중점적으로 다룬 책을 언급했으며 이에 대해 알랭 게로의 부정적인 입장과는 생각을 달리한다고 말한 바 있다. 비록 중세인들의 머릿속에서는 우리가 화폐라고 부르는 것이 오늘날보다는 불분명하게 현재의 위험 개념에 연결되어 있긴 했지만 말이다. 위험 정도를 가늠하는 예상이 13세기부터 일부 기독교 사회에서 업계의 관심을 끌었던 것으로 보인다. 특히 베네치아에서는 재정에 관련된 약속들이 중요했을 것이다. 어쨌거나 바다는 중세인들에게 온갖 위험이 도사리는 장소였는바, 특히 해난에 관련된 성찰과 실무 경험의 결과 13세기에 세큐리타스(안보)라는 이름을 단 계약이 나타났다. 이를 효시로 14세기와 15세기에 더 빈번히 체결된 계약은 진정한 보험 계약이 되었다. 내가 이전 연구서†† 에서 소개했던 원문을 들어보겠다. 표제 면에 "여기 피사에 있는 프라토의 프란체스코 상사의 장부 속에 우리는 타인을 위한 모든 확약을 적

† 나는 여기에 나의 저서《중세의 상인과 은행가(Marchands et banquiers de Moyen Age)》, (PUF, collection 'Que sais-je?', 1956, p. 30~32)에서 발췌한 글을 재수록했다.

†† *Marchands et banquiers de Moyen Age*, op, cit, , p. 27.

어놓을 것이다. 신께서 우리가 그것을 이용하게 하시고 위험으로부터 우리를 보호해주시길"이라는 글이 실려 있는, 1384년 8월 3일자 장부에서 다음 내용을 읽을 수 있다.

> 우리는 100플로린 금화 상당의 모직물에 대해 발도 리돌피 상사를 보증한다. 이 모직물은 페니솔라에서 포르토 피사노로 경유하는 바르톨로메오 비탈 호에 실려 있는 것이다. 우리가 모든 위험에 대비하여 보증하는 이 100플로린 가운데 우리는 우리가 부서한 게라르도 도르마우모의 자필 증서가 입증하는 대로 계산된 4플로린 금화를 받을 것이다.

더 아래에는 "상기 선박은 1384년 8월 4일 포르토 피사노에 무사히 도착했으며 우리는 위에 적은 위험에서 벗어났다"고 적혀 있다. 이러한 위험 개념과 이와 연관된 예측 개념으로, 자본주의가 서서히 발달해가면서, 중세 이후에 비로소 정확하고 공식적인 증서가 탄생했다.

대부업자에서 은행가로

화폐의 사용으로 무엇보다 회계가 확산되었는데, 방법이 다양했거니와 그로 인한 쓸데없는 서류의 규모도 급증했다. 대상인들과 상사들은 전문화된 수많은 회계 장부, 그리고 앞에서 특기한 '비밀 장부'를 가지고 있었다. 여기에는 조합의 원본, 각 출자자가 출자한 금액, 어느 때라도 이런 출자자들이 회사에서 차지하는 지위를 알게 해주는 자료들, 이익과 손실의 분배 내역이 기록되어 있었다. 그렇지만 능란한 수준에 도달한 회계를 수행하는 능력은 눈에 띌 정도로 높아졌다. 그렇지만 이러한 회계가 한 사회에서 화폐가 커다란 역할을 했음을 보여주는 증거였다고 생각해서는 안 될 것이다. 그와 반대로 화폐에 관련된 기술들은 해당 사회 영역에서나 관련 과학 지식 수준에서나 상당히 제한되어 있었다. 물론 중세의 대상인들은 상당히 주목할 만한 거래장부 관리 기법, 내가 이미 거론한 부분적인 복식부기를 완성했다. 하지만 단지 작은 섬이나 변경 지역에나 관련된 얘기고 중세사회는 세련된 관행에서 상당히 동떨어져 있었다.† 기껏해야 제한된 역할을 수행한 화폐가 사업장부 작성 및 관리 분야는 물론 일상의 필요에 적용되는 계산 영역에서 자극제 노릇을 한 정도다.

그래서 재계에서 엄밀한 의미의 은행가로 양성된 전문인 계층을 따로 떼어놓기는 어렵다. 화폐 사용에 관련된 전문가들, 곧 롬바르디아 사람들, 특히 대부업자와 환전상, 고유한 의미의 은행가 사이의 경계가 언제나 명료하진 않았다. 사실상 대출 업무는 13세기와 14세기에 여전히 롬바르디아 사람들의 전문 분야로 남아 있었다. 이런 대출에 대한 참고자료에는 안타깝게도 누락되어 있는 항목이 상당히 많다. 그렇지만 일부 도시와 시기의 경우 그 목록을 작성할 수 있었다. 예를 들어 독일 프라이부르크의 공문서 가운데 기울리아 스카르시아가 편집한 장부 9-1은 1355~1358년 롬바르디아 대부업자들의 고객이 무엇보다 상위 중산층

† 페데리코 멜리스(Federico Melis)는 중세 회계를 연구한 위대한 역사학자로 《회계의 역사(Storia della ragioneria)》(C.Buffi, Bologne, 1950)를 저술했다. 그 책은 토스카나의 위대한 상인 프라토의 프란체스코 디 마르코 다티니의 사료를 중심으로 중세 회계, 더 일반적으로는 경제에 대한 각종 연구의 구심점이 되었으며 그 연구성과는 대단히 우수했다.

이라는 것을 보여준다. 그리고 실제로 거기에서는 부르주아와 나란히 기사와 귀족들이 있었다.† 대출 정책은 14세기와 15세기 이탈리아에서 상당히 중요해서 사람들은 1445~1450년 밀라노에서 발행된 어음들이 사실상 단지 대출에 불과한 것이라고 주장할 수 있었다.†† 롬바르디아 사람들이 경제 사회적으로 당대의 대은행가들 아래에 머물러 있었듯이, 14세기와 15세기에 화폐를 다루는 사람들은 대개 상인들이었고 이들은 다양한 화폐가치가 쟁점이 되었던 모든 거래를 맡았다. 그들 간에는 위계가 존재했다. 그래서 피렌체나 브뤼헤에서 특히 '대(大)의자(banchi grossi)'가 거론되었다. 예를 들어 15세기 브뤼헤에서 서른다섯 혹은 마흔 명에 한 명은 이 롬바르디아 사람들 중의 한 명에게서 구좌를 텄지만 고객의 80퍼센트가 플랑드르 돈으로 50리브르도 안 되는 잔액을 갖고 있었다.

이러한 진정한 은행가들은 대개 상인들로, 그들에게 귀금속과 화폐는 상품이 되었다. 정확한 상업 거래를 위한 제휴 계약 체결로 모든 것이 시작되었다. 그 거래는 때로 갱신되었을 뿐만 아니라 지속가능한 결사체 결성에 이르기도 했다. 두 가지 유형의 결사체는 우리가 살펴보았듯이 '콤파니아'와 '소시에타스 테라에'로 베네치아인들이 여기서 중요한 역할을 수행했다.

'콤파니아'의 경우 계약 당사자들은 서로 긴밀히 연결되어 있었고

† Giulia Scarcia, *Lombardi oltralpe nel Trecento. II "Registrum" 9, I dell'Archivio di Stati di Friburgo*, Pise, ETS, Piccola Biblioteca Gisem 19, 2001. .

†† Beatrice Del Bo, "Elite bancaria a Milano a metà Quattrocento: prime note", *Quaderni del Centro di Studi sui Lombardi, sul credito e sulla banca*, 1, 2007, p. 173.

위험, 희망, 손실과 이익을 공유했다. '소시에타스 테라에'는 '코멘다'와 가까웠다. 대부업자는 혼자 위험을 떠안았고 이득은 일반적으로 반씩 나누어 가졌다. 하지만 대부분의 조항은 유연했다. 투자 자본은 상당히 다양하게 변할 수 있었다. 그리고 조직이 지속되는 기간은 일반적으로 한 사업, 한 여행에 한정되어 있는 게 아니라 일정 시간—1년, 2년, 3년, 대개 4년—에 따라 정해졌다. 끝으로 '콤파니아' '소시에타스'라는 두 가지 기본 유형 사이에 수많은 중간 유형이 존재했으며, 그 둘은 다양하게 조합되었다. 이처럼 복잡한 계약은 안타깝게도 지나치게 긴 자료로 표현되어 있어 여기서 그 예를 들 수가 없다.

일부 상인, 일부 가문, 일부 집단을 중심으로 복잡하고 힘있는 조직들이 발달했는데, 사람들은 전통적으로 이러한 조직에 '컴퍼니'라는 이름을 부여했다.† 가장 유명할 뿐 아니라 널리 알려진 조직은 피렌체의 저명한 가문들이 운영했다. 이미 인용한 페루치 가, 바르디 가, 메디치 가 말이다. 특기할 점은, 그 가문들을 연구한 역사학자들—누구보다 아르만도 사포리가 있다—에 이어서, 적어도 이탈리아 내에서 13세기와 14세기의 조직들과 15세기의 조직들 간에 심오한 구조 변화를 간파할 수 있다는 것이다.

이러한 회사는 단지 상업 거래나 제한된 기간 동안 당사자들을 연결하는 계약에 기초해 있었다. 하지만 이러한 계약 가운데 일부 계약을 통상적으로 갱신한 것, 광범위한 경제권에서 동일한 이름들(그러한 이름

† 하지만 이러한 조직은 현대의 회사와는 상당히 동떨어진 것이다. 현대의 회사는 하나의 인격을 갖고 있으며 임직원과는 관련이 없다.

은 가장 영향력이 크고 착실하게 계속 이어지는 기업들에 상당한 자본을 가져다주었다)이 존재한 것, 선두권의 몇몇 기업을 중심으로 엮인 이 모든 사업상의 관계에 의해 그러한 회사는 특별한 거래와 그것들을 규정하는 계약의 일시적인 속성을 넘어 안정된 상부 조직이 되었다. 13세기와 14세기에 이러한 진정한 상사는 상당히 중앙집권화되어 있었다. 한 명 혹은 여러 명의 지도자랄 수 있는 상인이 지사들을 가지고 있었고, 한 명 혹은 여러 명의 경영자들이 있는 주요 회사 소재지 바깥에서는 임금을 받는 직원들이 그러한 상인을 대리했다. 15세기에 어떤 상사, 이를테면 메디치가의 상사는 분권화되었다. 그 상사는 별도 자본으로 분리된 단체가 조합되어 구성되었으며, 각 단체는 고유의 근거지를 두고 있었다. 피렌체의 모회사에는 여러 지사가 딸려 있었다. 런던, 브뤼헤, 제네바, 리옹, 아비뇽, 밀라노, 베네치아, 로마 지사 말이다. 이러한 지사는 단지 부분적으로 그리고 부차적으로만 임금을 받는 직원에 불과한 감독들 그리고 무엇보다 상위에 있는 출자자들—이를테면 앙겔로 타니, 토마소 포르티나리, 시모네 네리, 아메리고 벤치 등—이 관리했다. 피렌체의 메디치가는 각 회사에서 대개 과반수의 자본을 소유했기 때문에, 회계 · 정보 · 사업 방침을 중앙집권화했고 그리하여 모든 회사를 지탱하는 끈이 되었다. 로렌초라는 사람은 자신의 할아버지인 코시모보다 신경을 쓰지 않고 되는 대로 내버려두었고 그리하여 지사들은 각자도생하려는 경향이 있었다. 회사 내부에서는 갈등과 대립이 확대되었고 결국 회사는 무너졌다. 이해관계로 얽힌 수많은 사람들에 의해 쉽게 몰락한 것이다. 왜냐하면 이제 출자에서 기탁으로 이행한 것처럼 보이기 때문이다. 회사에 소속된 노동자들이 기탁한 현금이 이제 자본의 상당 부분을 차지했다. 결국 회사는 이러한 기탁자들의 욕구와 망설임, 요구와 두려움으로 더 취약해진 것이다. 이 기탁자들은 자기네 돈을 요구하는 데 예전에 경영에 참여한 사람들과 달리 양심의 가책이나 거리낌이 없었다. 예전 사람들은 단단한 가족 간의 유대와 상업상 연대감으로 연결되어 있었다.

자크 쾨르의 운명

이례적으로 돈방에 모르는 몇몇 사람들이 사회적으로나 정치적으로 높은 지위에 올랐다. 나는 그에 대한 유명한 예를 하나 들어볼 것이다. 이러한 사회계층에 속하는 사람들이 대부분 이탈리아인이었던 것과 달리 그 사람은 부르주 출신의 프랑스인 자크 쾨르였다. 미셸 몰라는 마침 자크 쾨르가 여러 곳에서 다양한 활동을 했다는 데 대단히 놀라서 잘 설명해놓은 멋진 책에서 그를 중점적으로 다루었다. 더 나아가 "그의 이권이 분포된 지역을 표시한 지도는 15세기 중반 프랑스의 경제 지도에 상응할 것이다"고 주장했다. 하지만 이는 자크 쾨르가 다양한 지역에서 활발히 활동했음을 입증하는 것일 뿐 프랑스의 진정한 경제 지도라고 할 수는 없다. 왜냐하면 이러한 경제는 나라 전역에서 왕실의 영향을 받지도 않았기 때문이다. 단지 여러 장소와 체계화되지 않은 활동을 모아놓은 데 지나지 않는다. 자크 쾨르는 여기저기에서 부동산을 획득해 토지를 확보하고 부동산에 기초한 연금을 할당받았다. 15세기는 부동산에 기초한 연금이 기세를 떨친 시기였다고 말할 수 있다. 이는 토지 소유가 경제적으로, 사회적으로 갖는 중요성을 보여준다. 그는 부르주, 생푸르생, 투르, 리옹, 몽펠리에에서 호화로운 대저택을 구입해 자신의 위세를 과시했다. 예를 들어 세제, 각종 소작료, 상납금, 간접세가 확대되고 상대적으로 체계가 잡히지 않은 틈을 타 돈벌이가 되는 일거리에 몰두했다. 하지만 이런 일거리는 기독교 교리가 진화한 덕에 고리대금 행위라는 비난에서 벗어나게 되었다. 각종 지출과 이득의 원천으로서 전쟁의 중요성을 이해한 그는 왕실 군대에 갑옷과 무기를 제공했으며 영국 포로들의 몸값에서 이득을 취했다. 그는 아르장트리, 가구 창고, 왕실 창고를 운영하기도 했다. 축재와 연관된 것은 무엇이든 손을 댔다는 뜻이다. 그는 피렌체, 에스파냐, 브뤼헤에서 이권을 챙겼다. 프랑스와 인근 지역 외에 그의 주요 활동 무대는 지중해 지역이었다. 더군다나 그는 총애를 잃어 투옥되었다가 탈주했지만 1456년 에게 해의 키오스 섬에서 생을 마감한다. 그가 맡은 요직이라고 하면, 화폐주조소 소장직이었을 것이다. 쾨르는 1436년부터 감옥에서 달아날 때까지 소장으로 일했다.

II 중세 말의 여러 도시와 통치 체제 그리고 회폐

도시의 부채와 세금

중세 말에 도시는 일반적으로 상업의 발달이 아니라 영역을 확장한 덕에 재원을 조달할 수 있는 범위를 늘렸다. 상업은 전쟁으로 많은 피해를 입었는데 16세기에 다시 도약하게 된다. 도시는 확장한 영역에 지배 체제를 수립해 거기에서 재산과 사람들, 권력을 끌어냈다. 그 증거로 시에나에 있는 암브로조 로렌제티의 유명한 프레스코〔〈올바른 통치와 적절하지 못한 통치의 영향들(Effets du bon et du mauvais gouvernement)〉〕가 있는데 그래도 이건 14세기 중반에나 해당하는 일들이다. 도시들은 더 탄탄하게 자신들의 재무 기구, 특히 회계법원을 조직했다. 하지만 도시는 15세기 사회의 주요 시련 가운데 하나를 겪었다. 부채를 진 것이다. 이는 분명 공동의 부채, 그러니까 공채거나 개인의 빚이었으며 무엇보다 공채 판매

양상을 띠었다. 15세기 중반부터 네덜란드에서, 브뤼셀, 릴, 라이덴, 말리나, 나무르의 예를 들어 부채의 악순환을 거론할 수 있다. 동일한 현상이 독일 도시들, 예를 들어 함부르크나 바젤에도 나타났다. 여기에서는 1362년 수입의 1퍼센트가량이었던 부채 규모가 15세기 중반에는 50퍼센트를 초과했다. 이베리아 반도에서도 마찬가지였다. 바르셀로나에서는 부채가 1358년에는 수입의 42퍼센트, 1403년에는 61퍼센트를 흡수했고, 발렌시아에서는 1365년 37.5퍼센트에서 1485년 76퍼센트로 늘어난 것이다. 이탈리아의 금융 중심지들도 이 사태를 피해가지 못했다. 이러한 부채는 사회 계층 간에 적대감을 심화시켰을 뿐 아니라 상호 신뢰를 무너뜨렸다. 도시를 사랑하는 시민의 마음도 시들해졌다. 그리고 도시들은 권한을 침해하는 제후와 왕에게 예속되어 있었기 때문에, 부채는 여러 측면에서 도시의 힘과 이미지를 약화시켰다. 중세 유럽은 13세기에 상당히 도시화되었는데, 재정에 관련된 문제로 점차 제후들에게 예속되었다. 중세 도시는 충분한 재정 능력을 갖지 못했다. 도시는 화폐를 마련하는 데 필요한 강제력을 보유하지 못한 반면, 그런 수단을 갖고 있었던 제후들은 나중에 화폐가 우세해졌을 때 국가 지도자 위치에 남아 있을 수 있었다. 누군가 중세 말에 대해 썼듯이, "부채로 시 지출이 엄청나게 증가했으며 도시는 자기 자신을 부양해야 하는 악순환을 낳았다. (……) 도시는 약정된 기한 내에 연금을 채우기 점점 더 어려워졌고 미납금이 쌓였다".† 혜택을 입은 사람은 채권자들뿐이었으며, 그들에게서는 정말로 의심할 여지 없는 부자의 모습이 보였다.

† Jean-Luc Pinol, *Histoire de l'Europe urbaine*, t. 1, Paris, 2003, p. 575.

디종, 프랑크푸르트암마인 그리고 일시적으로 국가가 된 부르고뉴의 도시를 연구한 사례는 중세 말 도시 재정 문제들을 가늠하는 척도가 되었다. 디종의 회계법원은 1386년 재조직되었으며 F. 욍베르와 앙리 뒤부아는 그 사료들을 폭넓게 이용했다.† 디종의 세제는 대다수 도시들의 세제를 본떠 다음과 같은 여러 세금에 기초했다.

1) 공작령에 의거해 공작들에게 할당되는 호별세는 시간과 금액 면에서 일정하지 않았다. 예를 들어 1386년 이 호별세의 총액은 3219프랑 8그로에 달했다.
2) 도시는 성벽을 유지하는 데 자금을 대기 위해 세금을 징수했다.

이와 반대로 다른 세금들은 규칙적으로 징수되었다. 이를테면 소금세인데, 소금세 사료는 남아 있지 않다. 그리고 '데 마르'라는 세금은 납세자의 전 재산 가운데 10분의 1을 해마다 징수한 것으로, 공작이 이득을 보았다.

끝으로 두 가지 비례세가 상품 판매를 근거로 징수되었는데, 모든 거래에 20분의 1세, 그리고 소매로 판매되는 포도주에 8분의 1세를 징수했다.

디종을 관할하는 대법관의 통제 아래 시민들이 이러한 다양한 세

† F. Humbert, "Les finances municipales de la ville de Dijon au milieu du XIVe siècle à 1477", Paris, 1961 et H. Dubois, "Les fermes du vingtième à Dijon à la fin du XIe siècle. Fiscalité Economie Société", *L'Argent au Moyen Age*, colloque de 1997, Paris, Publications de la Sorbonne, 1998, p. 159~171.

금을 징수했다. 1386~1387년 35건의 징세 청부가 있었는데 이것은 디종 시와 그 산지의 경제 활동에 대한 정보를 전해준다. 이러한 청부업은 서열이 정해져 있었고 등급이 가장 높은 것은 단연 포도주세 징수로 전체의 22퍼센트를 차지했다. 그리고 나사류의 모직물 · 밀 · 콩과 식물 · 정육 · 가죽 · 가축 · 비계 · 빵과 밀가루가 뒤를 이었으며, 이렇게 청부를 통해 징수하는 세금은 약 200프랑이었다. 식료품의 우위가 단연 눈에 띈다. 청부를 통해 징수하는 세금 총액 그리고 징세 청부로 가늠할 수 있는 활동 금액의 합계는 14세기 초까지 거의 안정된 상태를 유지했다. 나머지 공작령의 주요 도시에서는 모직물 징세 청부가 현저히 감소했다. 이 20분의 1세를 징수하던 청부인들은 일반적으로 수공업에 종사하던 저명인사였으며 그들의 활동이 금융 거래에 제한되어 있는 경우는 드물었다. 앙리 뒤부아는 그들이 집단이나 동질적인 계층을 형성하지 않았다고 강조했다. 그들 가운데는 제후의 고위 신하도 있었고, 사회의 엘리트 계층에 속하는 사람들도 있었다. 심지어 특권층도 있었는데, 이들은 각종 소득과 위세를 높이는 요소를 갖고 있는 데다 징세 청부에서 이익을 얻었다. 따라서 1400년 무렵 디종에서는 '돈밖에 모르는 사람'으로 손가락질받을 인물들을 확인할 수 없었다. 돈은 도시에서 위세를 높이는 한 요소에 불과했다.

피에르 모네는 15세기의 프랑크푸르트암마인을 대상으로 상당한 액수의 돈과 연관된 두 사건에서 "수중에 돈이 있는 엘리트 계층이 도시 독립에 자금을 댄 일"†을 연구했다. 첫 번째는 1372년 황제 직할도시

† *L'Argent au Moyen Age*, *op. cit.*, p. 187~207.

인 프랑크푸르트 의회가 그곳 영주였던 왕이자 황제가 보유한 마지막 권리를 인수한 일이었다. 시 의회는 1372년 2만 5000~2만 6000플로린을 지불해 도시 독립의 토대를 확고히 다졌다. 도시의 주요 직무는 황제를 대리하는 관료들의 일(Reichsschultheissenamt)로, 이들은 왕의 소득을 관리했다(정액지대, 풍차, 연못, 영지의 소득 등). 1389년 프랑크푸르트암마인은 주요 직업군, 향료상, 재단사, 제빵사, 구두 상인에게 부과되는 세금을 도입했다. 1407년 성직자 계급이 대부분의 세금, 특히 포도주세를 내야 했다. 전체 세금은 1379~1389년 두 배로 늘어났다. 두 번째로 프랑크푸르트암마인은 1389년에 한 가지 참사를 겪었다. 연합한 귀족들이 도시의 군대를 무찔렀던 것이다. 620명이 포로가 되었고 도시는 7만 3000플로린의 몸값을 지불해야 했다. 그렇지만 구특권층에 속하는 사람들의 조언에 따르면서 난관에서 벗어났다. 그들의 경험과 다양한 소득을 통해 그 도시는 부채에서 헤어났다. 다른 많은 도시들은 빚을 졌으며 상기시키거니와 부채는 재정 부문에서 중세 말의 중대한 재난이었다. 프랑크푸르트는 심지어 2만 4000플로린의 기부금을 통해 베츨라를 도울 수 있었다. 베츨라는 1382년 8만 플로린 상당의 부채를 졌다. 최악의 사례는 틀림없이 마옌스였는데 이 도시는 1447년 37만 5000리브르에 달하는 부채에서 헤어날 수가 없었다. 이렇게 프랑크푸르트암마인의 재정을 짧게 환기한 끝에 나는 다음과 같은 피에르 모네의 타당한 지적을 강조한다. "도시가 번영한다고 해서 새로운 사람들이나 신흥 부자들이 이득을 보는 것은 아니다. 오히려 이미 높은 지위에 앉아 힘과 돈을 가지고 있었던 다른 종류의 엘리트 계층이 유리한 상황에 놓인다." 도시의 재정과 세제에 대한 최근 연구는 중세 말에 일시적으로 국가를 이룬 부르고뉴의 도시들, 플랑드르의 도시들에 관한 마르크 분의 연구에서 비롯된 것이다.† 14세기와 15세기 플랑드르 지역에서 도시의 밀도는 이례적으로 높았다. 플랑드르 백작령 가운데 프랑스에 해당하는 부분을 제쳐둔다면 나머지는 세 대도시가 지배했다. 주민 수가 6만 4000명가량이었던 겐트, 4만 5000명가량이었던 브뤼헤, 2만 8000명가량이었던 이프르 말이다. 하지만 주민 수가 1만 명 미만이었던 중소 도시가 50개나 됐으며 전체 백작령의 인구 밀도는 제곱킬로미터당 77.9명에 달했다. 이러한 도시들은 직물 생산 중심지로 고가의 상품은 물론 더 일반적인 상품을 생산했을 뿐 아니라 외국의 상인 집단이 보장한 거대한 교역 시장이었다. 그중 한 중심지는 이러한 상품의 분배와 재발송에서 주요한 역할을 했다. 15세기 중반까지는 브뤼헤, 그다음에는 안트베르펜이 그러했다. 이러한 도시는 백작의 지배로 빈곤해지기는커녕 백작의 주요 대부업자 노릇을 하면서 부를 증대시키는 주요 수단을 찾아냈다. 특권층에 속하는 징세 청부인들이 점차 세제 분야를 차지했다. 그들은 신용대출 전문인들, 담보물을 잡고 돈을 빌려주는 사람들, 고리대금업자들, 롬바르디아 사람들과 온갖 유형의 환전상들을 밀어냈다. 마찬가지로 이러한 환전상들은 도시의 채권자 자리에서도 배제되었다. 또한 이런 특권층은 종종 제후를 위해 백작령을 관리했다. 예를 들어 1410년 주요 세금인 포도주세는 겐트의 오래된 특권 가문인 우텐호브 가의 일원들과 유명한 법률학자 시몽 드 푸르멜이 조직한 협회가 징세 청부를 맡아 관리했다.

† Marc Boone, "Stratégies fiscales et financières des élites urbaines et de l'Etat bourguignon naissant dans l'ancien comté de Flandre(XIVe-XVIe siècle)", *L'Argent au Moyen Age*, *op. cit.*, p. 235~253.

우텐호브 가문 사람들 가운데 여러 명은 징세관이거나 백작의 대법관이었으며, 시몽 드 푸르멜은 대담왕 장과 선량왕 필리프를 모셨고 당시 백작령의 최고 법원이었던 플랑드르 의회 의장이었다.

교황청의 재정과 세제

14세기와 15세기, 더 강력해진 여러 통치 체제는 화폐가 더 많이 필요했고 재정과 세제를 더 잘 조직하려고 애썼다. 제후의 영지에서 직접 얻는 소득보다 세금이 중앙 권력의 여러 활동에 자금을 조달하는 주요 원천이 되었다. 긴 13세기와 마찬가지로 나는 교황 정치 체제와 프랑스의 예를 들어보겠다. 알다시피 교황 정치 체제는 이 분야에서 선구적인 통치 체제였다. 우리는 교황청 재정에 대해 베르나르 기유맹과 특히 장 파비에가 중요하고 주목할 만한 연구를 수행한 덕에 그 문제를 잘 알고 있다.† 교황은 아비뇽에 자리 잡으면서 이상하게 교회 수장이라기보다 특별한 권력을 지닌 제후에 더 가까워졌다. 로마에서나, 로마를 떠나게 되었을 때는 교회 지도자였는데 말이다. 아비뇽의 교황들 가운데 첫 번째 교황인 클레멘트 5세(1305~1314) 이래 교황들의 제후 활동은 지출 증대를 초래했다. 교황청에는 모든 서열을 통틀어 4500명의 사람이 있었는

† B. Guillemain, *La Cour pontificale d'Avignon 1309~1376. Etude d'une société*, Paris, 1962. J.Favier, *Les Finances pontificales à l'époque du grand schisme d'Occident, 1378~1409*, Paris, 1966, et *Les Papes d'Avignon*, Paris, 2006, à quoi il faut en particulier ajouter Y. Renouard, *Les Relations des papes d'Avignon et des compagnies commerciales et bancaires de 1316 à 1378*, Paris, 1941.

데, 마지막 로마 교황이었던 보니파키우스 8세 시절보다 100명이나 더 많았다. 클레멘트 5세가 재위한 지 4년째 되던 해에 관한 참고 자료가 상당히 많은데, 베르나르 기유맹의 연구에 잘 드러나듯이 클레멘트 5세는 12만 플로린을 지출했으며, 그 가운데 3만 플로린은 교황청 관저에 사용한 것이다. 하인들에게 주는 급료, 식료품, 밀랍, 목재, 건초, 세탁 비용, 말 유지비 그리고 자선금 등에 지출한 것이다. 그 밖에 양피지와 종이를 구입하고 전속 신부, 공증인, 사자들의 급료를 지불했다. 각종 수입은 무엇보다 교황의 영주 지위에서 나왔다. 나폴리의 왕과 다른 이탈리아 영주들이 지불해야 하는 정액지대와 스칸디나비아 왕국들이 지불하는 이른바 '베드로의 펜스(Peter's Pence)' 말이다. 하지만 자주 파문을 내렸음에도 불구하고 지불해야 하는 이들은 돈을 제대로 내지 않았다. 새로운 주교와 사제의 선출 및 지명을 위해 2만 6000플로린이 마련되었다. 장 파비에가 상기시키기를, 미납된 몇몇 성직자세가 수입을 보완했다. 클레멘트 5세는 지위가 높은 인사들, 이를테면 프랑스와 잉글랜드의 왕들에게(그는 친족을 대단히 많이 등용했기 때문에), 그리고 무엇보다 자신의 가문에 기부하느라 교황 수입의 상당 부분을 지출했다. 그는 지위가 높은 인사들의 호의와 보호를 얻어내길 원했던 것이다. 우리가 살펴본 대로 적어도 인노켄티우스 3세가 교황에 재위(1198~1216)한 이래 기독교 사회에서 세금을 징수하는 체계를 마련하긴 했지만, 교황청은 아직 세제를 조직하는 단계에 도달하지는 못했다. 핵심 단계는 요한 22세(1316~1334)가 뛰어넘었다. 요한 22세는 교황청의 세제를 모든 성직록으로 확대했다.

두 가지 사건으로 교황청은 상당히 많은 돈이 필요하게 되었다.

1345~1360년 아비뇽 교황궁의 건설과 교황령을 공격하는 세력과 이탈리아에서 벌인 전쟁을 말한다. 여기에서 중세에 현금이 더욱더 필요한 두 가지 영역이 다시 발견된다. 바로 건설과 전쟁이다. 따라서 아비뇽의 교황청은 클레멘트 6세(1342~1352)가 교황으로 재위한 시기부터 교권을 남용하여 세금을 더 많이 징수하게 되었다. 첫 번째 수입원은 성직록을 지배하는 것인데 두 가지 방식이 사용되었다. 그러니까 교황이 성직록을 받을 권리가 있는 사람들을 직접 임명하여 그들의 소득 일부를 받거나, 교황청이 수령자가 공석인 성직록 수입을 몰수하는 식이었다. 교황청은 1348년부터 유럽 기독교 사회를 강타한 대참사, 즉 흑사병의 영향으로 예기치 않게 세금을 상당히 많이 거둬들이게 되었다. 성직록을 받을 권리를 가진 사람들이 죽음으로써 예비 성직록 부문에서 재원을 증가시킨 것이다. 교황의 탐욕은 교황청, 국가의 교회들 그리고 제후들 간의 분쟁을 확산시켰다. 특히 독일에서 그리고 오래전부터 영국에서 그러했다. 사람들은 세제에서 아비뇽 교황권이 드러낸 탐욕이 종교개혁의 간접 원인 가운데 하나였다고 주장했다. 교황청이 성직록을 지배함으로써 새로운 소득원이 나타났다. 성직자들은 성직록을 받을 권리가 있는 사람이 아직 해당 자리를 차지하고 있는데도 성직록이 따르는 성직을 얻기 위해 미리 교황에게 청원서를 보내는 습관을 가지고 있었다. 또 이러한 청원서들과 함께 기부금을 교황청에 보내기도 했다. 장 파비에가 전하듯이 1309년이 되자 아라곤의 한 성직자가 아비뇽에 청원서를 가져다주면서 이렇게 썼다. "돈이 없다면 정당한 권리로, 자비로 혹은 자선으로 무언가를 할 수 있다고 생각하는 사람은 아무도 없습니다." 아비뇽 교황권은 때로 상당히 많은 세금을 부과해서 어떤 성직자

들은 이에 응할 수가 없었으므로 요구되는 금액이 줄어들었다. 이렇게 양상이 과도해지자 그에 따라 성직록 취득 헌납금과 '공동의 사역료'를 전통적인 규정대로 한 번에 내지 않고 여러 차례 나누어 지불하게 되었다. 아비뇽의 교황 정치는 오래되었지만 제한되어 있던 관행을 다시 꺼내들었다. 교회가 요구하는 세금의 수입을 세속의 제후들에게 주기 위해 그들과 홍정을 한 관행 말이다. 이러한 관행은 십자군 원정 시기에 일반화되었는데, 십자군 원정에 부분적으로 자금을 대는 것으로 간주되었다. 기독교를 믿는 제후들은 14세기에 이러한 관습을 계승했고, 그러자 교회는 새로운 십자군 원정 가능성을 환기하곤 했다. 여기서 화폐와 전쟁의 관련성이 다시 주목된다. 향후 역사가 보여주는 대로, 관건이 된 전쟁은 종교적인 동기로 수행되었고 그 밖의 나머지는 허망한 것이 되어버렸으니까 말이다. 아비뇽 교황 정치는 현금을 확보하기 위한 한 가지 방법을 고안했다. 위임과 대리에 관련된 것이다. 고위 성직자들, 그러니까 주교, 부주교, 주임사제들에게는 정기적으로 관할 교회들을 방문해야 하는 의무가 있었다. 그들은 위임비라 불리는 이동 경비를 받았다. 13세기에 교황 인노켄티우스 4세는 이러한 위임비를 폐지했다. 그리고 교회를 방문하는 고위 성직자들이 무상으로 환대를 받게 했다. 아비뇽의 교황들은 위임비를 복구하는 데 그치지 않았고 교황청에 그 절반을 남겨두었다. 세금 분야에서 교황 정치 체제가 확대하거나 새롭게 단행한 대부분의 조치와 마찬가지로, 교황청은 이러한 보유분을 이단에 대한 투쟁으로 지출할 수밖에 없었던 각종 경비를 거론하며 정당화했다. 그것은 장 파비에에 따르면 사실상의 유용에 해당하는 것이었다. 그렇지만 이단의 위험성은 13세기보다 14세기에 더 적었다. 이로써

화폐가 어떻게 교황권의 관점에서 세계 속의 종교적인 현실과 '로마' 교회의 역할에 대한 기만적인 이미지를 유지하는 동기가 되었는지 이해가 된다. 십자군 원정과 이단은 기독교인의 상상에 살아남아 교회의 금전욕을 충족시키는 데 이용되었다.

아비뇽의 교황 정치 체제는 교황궁과 이탈리아에서 수행된 수차례의 군사 작전에 상당한 비용을 지출했음에도 14세기 사회에서 특히 부유한 공동체로 간주되었다. 교황들 외에 가장 지위가 높은 구성원들, 추기경들과 고위 성직자들이 이러한 상황에서 부를 늘렸다. 부채가 늘어난 사회에서 그들은 꽤나 중요한 대부업자 역할을 수행했지만, 성직자 계급의 전통 때문에 기독교 사회의 다른 대부업자들보다는 화폐에 덜 집착했고 수장고의 물품을 다루는 경향이 있었으며 대출의 담보물로 금은 세공품을 받았다. 장 파비에는 이러한 담보물의 여러 예를 인용했는데 나는 추기경 기욤 데그르푀유의 예를 들어보겠다. 기욤 데그르푀유는 1373년 담보물로 에메럴드, 진주, 사파이어, 카메오로 가득한 두 개의 금 십자가, 은 식기류, 큰 촛대, 심지어 클레멘트 6세의 것이었던 은제 고딕식 의자를 받았다. 다시 말해 30마르 상당의 금과 1600마르 상당의 은을 받았다.

교황 정치 체제가 마주한 주요 문제 가운데 하나는 기독교 사회 전역에서 모은 막대한 돈을 아비뇽으로 옮기는 것이었다. 도로를 이용한 물자 운송은 무엇보다 14세기 내내 그랬듯이 약탈을 일삼는 용병들과 사병들 때문에 위협을 받았다. 교황이 아비뇽에 정착함으로써 여기에 여러 은행이 들어섰고 은행을 이용하는 편이 더 적절해 보였다. 하지만 두 가지 부정적인 상황이 작용했다. 기독교 사회는 아직 은행 이용에 익숙하지 않았고 규칙적으로 환 거래를 보장할 수 있는 은행 지점 망은 상당히 제한되어 있었다. 이탈리아 밖으로는 런던, 브뤼헤, 파리, 몽펠리에, 바르셀로나, 리스본에만 지점이 있을 뿐이었다. 다른 한편으로 은행은 지나치게 대대적인 대출 업무로 파산할까봐 두려워했는데 1342~1346년에 그러한 일이 일어났다. 금융 부문에서 이탈리아와 맺는 관계 그리고 무엇보다 아비뇽 교황 정치 체제가 이탈리아 기업들에 자금을 대는 일만이 순조롭게 돌아갔다. 요컨대 아비뇽의 교황 정치는 세수가 불규칙하게나마 시간이 지나면서 상당히 증가했다. 교황청의 세 수입은 요한 22세 치하(1316~1334)에 1년에 22만 8000플로린, 베네딕트 12세 치하(1334~1342)에 16만 6000플로린, 클레멘트 6세 치하(1342~1352)에 18만 8500플로린, 인노켄티우스 6세 치하(1352~1362)에 25만 3600플로린, 우르비누스 5세 치하(1362~1370)에 26만 플로린, 끝으로 그레고리우스 11세 치하(1370~1378)에는 훌쩍 늘어나 48만 1000플로린이었다.

프랑스 군주정의 재정과 세제

이제 간략하게나마 소개할 두 번째 예는 프랑스 군주정의 재정 사례이다. 14세기와 15세기에 프랑스 왕들은 권력을 합리화하기 위해 영속적인 세금을 제정하려 애썼으나 실패하고 말았다. 왕들이 마련한 각종 기구는 부정기적이거나 특별한 부과조를 통제하는 데는 얼마간 효율성을 보였다. 1317년 루브르에 자리 잡은 재무부는 네 명의 국고 관리인이 운영했으며 재무부의 두 성직자가 그들을 보좌했다. 1443~1445년 각 국고 관리인에게는 관할 지역이 하나 있었다. 랑그도일, 랑그독, 우트르

센, 노르망디, 그리고 기엔, 부르고뉴, 피카르디 그리고 아르투아 등이다. 순회하던 그들은 1320년에 확고히 조직된 회계법원에 자신들의 활동을 보고했다. 상납금 법원이 추가되었는데, 이곳은 과세 기준, 그리고 세금 징수로 제기된 문제들을 다룬 반면 재무부 법원은 왕령 관리에 대한 재판권을 행사했다. 미남왕 필리프는 재무부와 완전히 다른 기구를 창설했다. 바로 아르장트리로, 왕실 관저에 각종 물품을 공급하고 왕실의 가구, 의복, 장식물을 보존하기 위한 일종의 가게였다. 이 기구는 각종 의식과 축제에 자금을 대기도 했다. 장 파비에는, 이 기구를 담당한 사람은 대개 왕실 관리라기보다는 상인이었으며 가장 유명한 이가 자크 쾨르였다고 강조했다. 바로 여기에 중세에는 오늘날과는 다른 뜻으로 화폐를 받아들였다는 증거가 있다. 재무부 법원은 영토 전역에 걸쳐 왕정의 모든 금융 거래를 확인하기 어려웠기 때문에 지속적으로 쇠퇴했다. 이 법원의 금융 감독 기능은 15세기에 영토 전역에 걸쳐 조금씩 창설된 여러 의회와 법원들이 점차 흡수했다. 조폐청의 경우 여러 화폐 주조소가 그 기구에서 대부분의 권한을 빼앗았다.

세금은 규칙적으로 거두어야 실효가 있는데, 결국 이러한 규칙성은 특히 재정 분야에서 앞날을 예상하지 못했고 오랫동안 왕정이 국가 예산을 작성할 능력을 갖추지 못했기 때문에 완전히 확립되지는 못했다. 세제 제정의 결정적인 시기는 1355~1370년이었다. 그때 선량왕 장 2세와 샤를 5세는 영국인들에게 항거하여 다시 불붙은 전쟁에 대처하고, 1360년 브르타뉴 평화조약으로 수립된 평화를 유지할 수단을 찾아내야 했다. 관습에 따라 두 회합, 그러니까 오일어 사용 지역을 위한 회합과 오크어 사용 지역을 위한 회합에 자문을 구했다. 그 결과 왕국의 재정을 체계로 구성한 지도가 개정되었다. 그 토대는 가장 안정된 구역, 즉 교구였다. 제정된 세금은 상품 판매세, 특별세, 그리고 소금세였으며 사람들은 이러한 세금에 격렬하게 이의를 제기했다. 1370년경 프랑스 군주정의 세제는 경험을 고려하여 전통적으로 간접 납부금인 상납금을 기초로 호별세라 불리는 일반적인 직접세를 근거로 수립되었다.

여전히 대부분의 주민들은 정기 세금을 이해하지 못했다. 그래서 1380년 9월 죽음을 앞두고 침상에 누워 있던 샤를 5세는 백성이 자신에 대해 좋은 이미지를 간직하기를 바라면서 모든 호별세, 다시 말해 직접세를 폐지했다. 다수의 프랑스 사람들—왕은 그들을 '나의 백성들'이라고 불렀다—은 그의 후계자 아니 오히려 어린 샤를 6세의 이름으로 통치한 삼촌들이 간접 납부금인 상납금을 폐지했을 때 비로소 만족감을 드러냈다. 세제에 관련된 문제는 샤를 6세 재위 기간 내내 첨예한 문제로 남았으며 소요를 더 자극했다. 그러한 소요는 1413년의 파리 혁명—소위 카보슈 혁명, 주동자였던 푸주한 카보슈의 이름을 딴 것이다—으로 이어졌으며 민중은 부르고뉴 공작의 지배와 트루아 조약을 수락하게 되었다. 샤를 5세가 죽었을 때 트루아 조약으로 영국 어린이였던 헨리 6세가 프랑스 왕이 되었다. 영국인들과 벌인 투쟁을 통해 왕이 된 샤를 7세는 자신이 소집한 의회로부터 영국인들에게 항거한 전쟁으로 정당화된 임시세만을 얻었을 뿐이다. 하지만 다시 프랑스 왕국을 지배하게 되었을 때 그는 왕이 세금을 독점한다고 천명했고, 칙령에 의해 그리고 1438년 《국본조서》에 의해 그것을 실행했다. 그리하여 새로운 기구가 창설되었으며 16세기 왕들은 특히 1577년 납세구를 마련하면서 계속 왕국의 재무를 지배했다. 그러한 납세구는 "프랑스혁명 때까지 프랑스

왕국의 재정 구역이 되었을 뿐 아니라 행정 및 정치 구역"†이 되었다.

따라서 화폐는 어떤 통치 체제가 형성되는 과정에서 중요한 역할을 수행했으나 그 양상은 때에 따라 달랐다. 이러한 체제는 나중에 프랑스를 비롯한 유럽에서 절대군주제라고 불리게 된다. 하지만 이 체제의 재정 토대는 여전히 모호하고 불확실했으며 이에 이의를 제기하는 사람들이 나타나곤 했다. 이러한 영역에서도 화폐는 18세기부터 비로소 현대적인 의미를 띠게 되었다.

† F. Lot et R. Fawtier, *Histoire des institutions françaises au Moyen Age*, tome 2, *Institutions royales*, p. 279.

12

14~15세기의 가격과 임금 그리고 주화

중세의 마지막 두 세기는 많은 점에서 선명하게 대비된다. 제롬 바셰는 그러한 대비에 의문을 제기했다.† 역사학자들은 이 시기에서—요한 호이징가의 유명한 저서 《중세의 가을》(비탄에 잠기고 음산한 가을이었다)에 나오는 표현에 따르면—퇴조는 물론이고, 제롬 바셰의 표현에 따르면, 정반대로 "계속된 역동성"을 볼 수 있었다. 숱한 재앙이 있었다는 사실을 확인하기는 쉽다. 1315~1317년 전반적인 기근 이후에 1348년 흑사병이 발생해 기독교 사회 인구의 3분의 1에 해당하는 사람들이 죽었으며 이런 사태는 주기적으로 재발했다. 전쟁은 격렬한 전투나 소규모 교

† *La Civilisation féodale. De l'an mil à la colonisation de l'Amérique*, Paris, Aubier, 2004, p. 228~278.

전 그리고 노략질 형태로 15세기 중반까지 거의 모든 서구사회에서 일어났으며 프랑스와 잉글랜드 간에 벌어진 백년전쟁이 전형이었다. 교회는 분열되었고, 이러한 대분리로 교황권이 인위적인 기독교 수도가 된 아비뇽으로 옮겨가게 되었을 뿐 아니라 때로는 두 교황이 심지어 세 교황이 대립하기도 했다. 왕정 체제 혹은 공동의 체제를 운영하는 데 필요한 세금은 인정받기 어려웠고 제후들은 차입금에 의존할 수밖에 없었다. 차입금은 기독교 사회를 항상 위기로 몰아갔다. 잉글랜드 왕 에드워드 3세는 피렌체의 바르디 가에서 돈을 차용했으며 이로써 바르디 가는 파산하게 된다. 백년전쟁 후에 프랑스를 재건하기 위하여 샤를 7세는 자크 쾨르에게 돈을 빌렸는데, 나중에 그 돈을 상환하지 않기 위해 자크 쾨르를 투옥한다. 신성로마제국에서는 막시밀리안 황제가 뉘른베르크의 명가인 푸거 가문에서 돈을 차용했다. 푸거 가문은 황제의 도움을 타이롤과, 심지어 에스파냐의 새로운 구리 광산과 은 광산의 개발에 이용했다. 푸거 가문은 샤를 캥과 에스파냐 펠리페 2세를 돕는 은행가가 되었으나, 에스파냐 군주정의 국가 파산으로 몰락하고 이어 16세기에는 사라지게 된다. 푸거 가문은 샤를 캥을 위해 신성로마제국의 선거 후에 대가를 지불했다. 이러한 재앙이 경제에 불리한 결과만 초래한 것은 아니었으며, 무엇보다 15세기 중반에 다시 평화가 찾아오자 (제롬 바셰가 정당하게 결론짓기를) 유럽은 다시 도약하긴 했으나 긴 13세기 말의 번영은 되찾지 못했다.

가격 변동

가격과 임금의 변화는 이런 상반된 움직임을 반영한다. 수치 자료가 드물긴 해도 중세 말의 기독교 사회에서 변화된 가격과 임금의 윤곽을 그려보기에는 충분하다.† 필리프 콩타민은 캉브레시스 지역에 대한 위그느뵈의 연구 업적을 이용하면서 다음과 같이 귀리와 밀의 생산지수를 제공해주었다.

귀리:

1320년경: 160~170

1370년경: 100

1450~1460년경: 65~70

1520년경: 80

밀:

1320년경: 140~150

1370년경: 100

1450~1480년경: 80

1520년경: 90~95

이렇게 수치가 떨어진 주요 원인은 틀림없이 인구 감소일 것이다.

† 나는 여기서 무엇보다 다음 저서를 이용하고 있다. Philippe Contamine, Marc Bompaire, Stéphane Lebecq et Jean-Luc Sarrazin, *L'Economie médiévale, op. cit.*

그와 반대로 동일한 시기에 산업 부문 가격은 거의 안정되었다. 이로써 필리프 콩타민은 농업 지역과 산업 지역 사이에 이익이 불균등하게 배분되었을 것이라는 결론을 내렸다. 쥘리앵 드마드는 1427~1538년 빵 가격에 관련된 뉘른베르크의 가격표†에서 두 가지 가격 변이도, 즉 연내 변이도와 연별 변이도를 정확히 보여주었으며, 둘 다 얼마나 심하게 변화했는지를 보여주었다. 가격을 정하는 데 그리고 수치로 가치를 산정한 상품을 판매하는 데 화폐를 도입함으로써 한 가지 사실, 그러니까 화폐 유통이 시간에 미친 영향이 부각되었다. 내가 이 사실을 지적하긴 했지만, 너무 미미하게 강조했다. 쥘리앵 드마드는 특히 독일 남부에서 지배자들이 피지배자들에게서 돈을 징수하는 시기가 수확하고 얼마 지나지 않은 시간에 집중되어 있다는 점을 지적했다. 하지만 시차가 있었기 때문에 납세 의무자들이 자신들의 상품을 판매할 수 있었다. 이러한 가격 변동에 의해 중세사회에서 다른 분야와 마찬가지로 가격 분야에서 상품 시장과 영주의 공제금 그리고 무엇보다 시간의 역할 사이에 존재하는 관련성이 드러난다. 이제 드마드가 썼듯이 "중세 말에 시장이 부상하고 성장한 것은 자본주의 전환과는 아무런 관련이 없다. 이는 봉건 체제의 구조조정이라고 할 수 있고 이러한 구조조정에 의해 봉건 체제가 상당히 강화되었다"고 말할 때이다. 물론 유럽 일부 지역에 해당되는 일이며, 폴란드의 탁월한 역사학자인 마리안 말로비스트(Marian Malowist)가 보

† "Transactions foncières et transactions frumentaires: une relation de contrainte ou d'opportunité? L'exemple des tenanciers de l'hôpital de Nuremberg (1432~1527)", Laurent Feller, Chris Wickham, *Le Marché de la terre au Moyen Age*, Ecole française de Rome, 2005, p. 341~403.

여준 대로, 15세기에 특히 헝가리나 폴란드같이 동방세계와 가까운 지역에서는 제2의 농노제가 등장할 정도로 여전히 성장 수준이 낮았다. 그러한 지역에서는 화폐가 아주 적게 유통되었다.† 하지만 상품 시장과 영주의 징수 사이의 관계는 중세 말에 서구사회 전역에서 주목되었다. 좀더 멀리 나아가보자. 여기서 나는 로랑 펠레가 확인한 내용을 되풀이하려 한다.†† "구매와 판매는 오로지 상업적인 동기뿐만 아니라 사회적인 논리에도 따랐다. 이는 친족관계, 우정, 이웃사람들에 의해 그리고 구성원의 사회적 지위가 같은 이런저런 귀속 집단에 의해서도 결정되었다." 이러한 사회적인 연대 외에 가격 체계는 제후와 도시의 관료제 발전 및 세금을 징수하려 애쓰는 각종 기구의 영향을 받았다.

임금의 변동

가격 변동과 비교하여 임금 변동을 다루어야 마땅하다. 임금은 종종 봉건 체제를 파괴한 도구 가운데 하나로 소개되었다. 화폐와 마찬가지로 임금은 소위 봉건 체제 작동에 상당히 쉽게 통합되었으며 1260년대부터 임금 인상을 위한 파업이 일어났다. 봉건 체제가 변화하는 가운데 국유 체제에서 영주 체제로 이행함으로써 임금을 상당히 많이 그리고 더 빨리 노동시장에 도입하게 되었다. 브로니슬로브 게레멕은 중세 말 파

† "The Problem of the Inequality of Economic Development in Europe in the Later Middle Ages", *The Economic History Review*, second series, vol. XIV, n° 1, 1966, p. 15~28.

†† L. Feller, *Paysans et seigneurs au Moyen Age, VIIIe-XVe siècles*, Paris, 2007.

리 도심에 나타난 이러한 변화를 보여주었는데, 그런 일반적인 특징이 상품 거래에 상당히 영향을 미쳤다.

1348년부터 흑사병으로 인구가 대폭 줄었고 일손이 부족해진 결과 1350~1450년 임금 인상을 요구하는 목소리가 높아졌다. 임금에 관한 참고 자료는 건설업의 경우 특히 풍부하다. 그러한 자료는 잉글랜드에서 이루어진 중세 석공에 대한 연구에서 잘 활용되었다.† 어느 영국 건설 노동자의 경우 임금지수가 1340~1359년의 94에서 1360~1379년에 105, 1380~1399년에 122로 올랐다. 잉글랜드와 프랑스의 왕들은 1361년 노동자들에 관한 법령을 통해 이러한 경향을 제한하려고 애썼다. 두 군주는 1348년 임금으로 되돌리려 노력했을 뿐만 아니라, 건강한 몸으로 구걸하는 사람들에게 베푸는 것을 금지하라는 명을 내렸다. 잉글랜드에서는 심지어 아이들을 열두 살부터 노동에 투입하거나 붙들어두려 했다. 장인들과 노동자들이 상당히 불쾌하게 받아들인 이러한 규정은 제대로 가동되지 않았으며 이어 폐기되었던 것으로 보인다. 노르망디 상부 지역에서는 기능사 임금이 1320~1340년 하루에 투르에서 주조된 돈으로 2수였으나 1340~1405년 4수 그리고 마침내 1405~1520년 5수로 올랐다. 일꾼들의 임금도 그 시기에 두 배로 올랐다. 가장 많이 올랐다고 알려진 사례인데 우르츠부르크의 인부들 임금은 세 배나 올랐다.

2007년 바로셀로나에서 열린 한 콜로키움에 유럽 역사학자들이 모였다. 여기서는 중세 말의 각종 임금을 연구했다. 그런데 개별 임금 노동자들의 보수가 현저히 달랐다—동업조합장이나 작업장의 우두머리

† D. Knopp et G.P. Jones, *The Medieval Mason*, Manchester, 1933.

그리고 일반적으로 조직과 감독 일을 수행한 사람들이 더 많은 돈을 받았다—그리고 도제에서 장인에 이르기까지 임금 격차는 더욱더 벌어졌다. 노동 시간은 법령에 의해 규제되었으며, 이는 현금 지급이 시간에 대한 견해와 시간 사용에 미치는 영향력을 나타내는 것이다. 예를 들어 피스토이아에서는 여름과 겨울에 노동 시간이 달랐고, 노동 시간의 단위는 20분이었으며, 노동자가 지각하는 경우에 임금을 삭감했다. 중세 말에 더 높이 책정된 특별 임금에 의해 건축가, 화가, 조각가가 장인 계급에서 예술가로 바뀌게 되었다. 앙리 브레스크가 중세 노동에 대한 전자책 판본에서 강조했듯이 여러 작업장에서 그리고 육체노동 분야에서 화폐가 더 많이 사용되었다. 이는 노동 개념에 영향을 미쳤으며, 신학자에서 가난한 사람들에 이르기까지 중세인들은 이 개념을 파악하고 규정하기 어려웠다.

사치스러운 생활의 발달

14세기와 15세기에 갖가지 시련, 특히 전쟁과 전염병이 증가했음에도 이미 13세기에 확대일로에 있던 사치는 놀라울 정도로 규모가 커져 영주와 부르주아 사회의 상위 계층에서는 점점 더 막대한 금액을 지출하게 되었다. 이 시기 내내 왕들과 도시는 지출 풍조가 다시 활개 치자 그러한 상황을 억제하려고 애썼다. 교회는 종교적인 이유로 그러한 상황에 맞서기도 했다. 교황 정치 체제가 서구사회에서 가장 많이 지출한 기구는 아니었더라도 그 가운데 하나였음을 보여주긴 하지만 말이다. 교황들은 개인적인 기쁨을 누리기 위해서가 아니라 공동으로 위세를 내

보이기 위해 지출을 했다. 미남왕 필리프 이후 1355~1356년 선량왕 장, 그리고 1366년 샤를 5세는 이런저런 유형의 사치를 단죄했다. 예를 들어 보석과 커다란 금은세공품 소비 말이다. 바로 그 샤를 5세는 앞서 말했다시피 끝이 뾰족하게 쳐들린 괴상한 구두를 신는 것을 금지했다. 1367년 그는 특히 몽펠리에의 여성들에게 보석을 지니고 다니는 것, 아니 부도덕이 사치와 연결되었기 때문에, 목이 지나치게 파여 훤히 드러난 의복 착용을 금지했다. 1485년에도 샤를 8세는 비단과 비로드 직물 사용을 금지했다. 이탈리아에서는 이러한 사치를 억제하는 데 전념했는데, 그것은 중세보다는 르네상스의 한 현상으로 간주될 수 있었다. 식탁의 사치는 특별히 억제되었다. 화폐로 인해 여러 중죄가 더욱더 확대되었으며, 이로써 교회의 부정적인 태도 역시 강화되었다. 탐욕은 종종 이러한 중죄 가운데 첫손에 꼽혔으며 중세 초기에 금욕주의를 따르는 수도사들의 맹렬한 공격을 받았다. 이어 탐식은 13세기에 갖가지 '식탁 예절'의 확대로 용인된 듯하며, 14세기와 15세기에 다시 맹위를 떨친 것으로 보인다. 이러한 상황에서 사람들은 사치와 각종 비용에 대해 상반되는 감정을 드러냈다. 또 이러한 풍조 속에서 화폐에 의해 봉건 사회에 생겨난 위계의 모순은 더 커지고 증대되었다. 화폐는 사람들에게 비난받았을 뿐만 아니라 찬미의 대상이 되었다.† 사치는 부채의 확대에 일조

† 다음 논문에서 이런 문제에 대한 모범적인 연구를 찾아내게 될 것이다. Cécile Perol, "Le mariage et les lois somptuaires en Toscane au XIVe siècle", 인용 논문. 식생활에 관련된 사치의 경우 다음 논문을 인용할 수 있다. Antonella Campanelli, "La table sous contrôle. Les banquets et l'excès alimentaire dans le cadre des lois somptuaires en Italie entre le Moyen Age et la Renaissance", *Food and History*, 4/2, daté de 2006, paru en 2007, p. 131~150.

했다. 그런 상황은 대부분 화폐 경제로 전환되는 과정에서 빚어졌으며, 14세기와 15세기의 가장 큰 재앙 가운데 하나였다.

15세기는 상반된 요소들이 뒤섞인 세기로 그러한 대립 속에서 화폐가 수행한 역할은 점점 커졌던 것 같다. 사실상 한 계층에 속한 신흥부자들은 점점 더 야단스럽게 사치스러운 생활을 했다. 호사스러움이 지나쳐 가구류는 장식성이 더 강해졌고 태피스리가 성공을 거두었다. 반면 도시에서는 가난한 사람들이 점점 더 많이 우글거렸다. 이게 바로 프랑수아 비용의 '파리'이다. 당시 '거지떼'의 수도로 간주된 도시 말이다.

중세 말의 다양한 주화

1400년 무렵 유럽에서 화폐의 유통 상황은 어떠했는가? 피터 스퍼포드는 그것을 명확히 밝히려 했다. 화폐의 세 층위는 구분해야 한다는 사실을 명심하자. 상위 층위, 여기에서는 금이 지배한다. 그다음 층위는 무엇보다 은의 영역이다. 끝으로 하위 영역은 보조화폐 혹은 검은 돈, 대개는 구리 동전의 영역이다. 상위 두 층위에서는 유통되는 주화량이 증가한 동시에 사용중인 주화 유형이 줄어드는 추세가 나타나 주목되었다. 첫 번째 현상은 무역이 재개되고 공적, 사적 생활이 확대됨으로써 일어났으며, 두 번째 현상은 화폐에 대한 제후의 독점이 확대되고 일부 금융 조직망의 지배력이 강화됨으로써 야기되었다. 그 결과 상대적으로 '국가적인' 화폐 체계가 구축되고 두 가지 주요 '국제' 화폐, 즉 피렌체의 플로린과 베네치아의 두카토 유통이 강화되는 경향이 나타났다. 15세기에 베네치아의 두카토는 플로린 화도 대체할 정도로 지배적인 위치에 이르렀다. 그 화폐는 귀금속 소지자와 유럽의 다른 주요 금화의 무게에 영향을 미치기도 했다. 프랑스의 금화 에퀴는 1424년에 플로린과 같은 무게로 감소되었다. 영국의 금화 노블은 1412년에 무게가 플로린이나 두카토의 두 배가 되었다. 15세기 유럽에서 금화가 위세를 떨침으로써 두카토는 일종의 표준이 되었다. 15세기 중반 포르투갈의 항해왕자 엔히크의 쾌속 범선으로 아프리카에서 들여온 금화는 크루자도로 불렸으며 두카토와 동일한 무게와 지위를 가졌다. 금은 특히 전쟁 비용에 쓰였고 특히 제후들의 몸값을 지불하는 수단이었다. 프랑스의 선량왕 장 2세의 몸값, 잉글랜드 리처드 2세의 부인이었던 프랑스의 이사벨의 지참금, 키프로스 자크 1세의 몸값, 곤트의 존이 영국 왕으로서 자신의 권리를 내버린 대가, 이 모든 것이 두카토 화로 지불되었다.

이런 금화의 가치는 상당히 높아서 대부분의 중세인들은 그것을 한번도 사용해본 적이 없었다. 금화는 귀족들, 중요한 행정관들 그리고 대상인들의 전유물이었다. 1433년 네덜란드의 새로운 '황금기사' 화가 유통되었는데 그 가치는 72그로소였다. 이듬해 안트베르펜에서는 노트르담 교회를 지었던 석공장들이 하루에 8그로소를 지급받았고 일용직 노동자들은 4그로소 반을 받았다. 시골에서 농업에 종사하는 노동자들의 임금은 훨씬 더 낮았다. 대부분의 사람들에게 가장 중요한 화폐는 은화였고 보통 임금, 연금, 세금 등이 그러한 은화로 지불되었다.

프랑스 왕국에서는 14세기 후반부터 '블랑(blanc)'이 기본 주화로 유통되었다. 이 작은 은화는 무게가 약 3그램이었으며 은 함유량은 50퍼센트 미만이었다. 거기에 들어 있는 은은 백년전쟁 이전에 그 은화에 맞먹는 화폐, 그러니까 소위 '왕좌의 은'이라고 했던 그로에 들어 있는 은

의 3분의 1가량에 불과했다. 그로 화는 거의 순은으로 되어 있었다. 블랑 화의 모조품들은 상당히 독립적이었던 프랑스의 제후들, 브르타뉴와 사부아의 공작들이 주조했다. 1405~1449년 일기를 썼던 이름 없는 파리의 한 부르주아는 거기에서 임금을 블랑 화로 표시했다. 더 많이 소비되는 상품들, 그러니까 양초, 기름, 꿀, 야채, 양질의 과일을 사고 팔 때도 이 화폐로 셈을 했다. 일상의 소소한 거래에 쓰이는 검은 돈이나 보조화폐보다 우위에 있고 최고 품질의 상품에 이용되는 이 은화는 '하얀 돈'이라고 불렸다.

부르고뉴 공작들은 합병했던 네 지역(플랑드르, 브라반트, 에노, 네덜란드)에서 1433년부터 은화를 주조했다. 바로 파타르(patard)로, 이 지역에서 프랑스의 블랑 화 역할을 수행했다. 블랑 화와 마찬가지로 파타르 화는 상등의 상품 값을 치르는 데 이용되었으며 가난한 사람들은 거의 그것을 소유하지 못했다. 연대기 작가인 샤스텔랭은 한 나무꾼이 숲에서 사냥을 하다가 길을 잃은 부르고뉴 공작 선량왕 필리프를 거두어들였다는 이야기를 전한다. 자신의 집으로 돌아가길 원했던 그는 이 나무꾼에게 4파타르를 약속하면서 그를 주도까지 데려다 달라고 요청했다. 4파타르를 준다는 말에 나무꾼은 깜짝 놀라서 소리를 질렀다고 한다. 부르고뉴 공작은 그에게 안타깝게도 자신에게는 잔돈이 없다고 말하면서 그에게 금화 1플로린를 환전해 달라고 요청했다. 분명 나무꾼은 평생 한번도 본 적이 없던 돈을 말이다. 각종 주화가 사회적 위세에 따라 유통되었기에 가난한 나무꾼은 기적이 아니면 손에 넣을 수 없는 금화를 얻은 것이다. 이탈리아 북부는 유럽의 상업 지역 가운데 가장 앞서 나간 곳인데 15세기에 베네치아에 이어 가장 부유했던 도시가 밀라노였다.

15세기 중반에 밀라노 사람들이 주조한 화폐로 2분의 1페지오네였던 새 은화가 성 암브로즈의 그로소를 대체했다. 프랑스에서 블랑 화가 투르에서 주조된 그로 화를 대체했듯이 말이다. 이탈리아에서 유일하게 밀라노에 예속되지 않고 화폐를 주조한 도시가 베네치아였다. 하지만 15세기에 여러 차례 전쟁의 영향으로 베네치아 그로소는 연이어 평가 절하됐다.

일반적으로 15세기 유럽의 거의 모든 지역에서 중간 가치의 은화를 중시하는 경향이 보였다. 경제 활동, 임금과 징수되는 세금의 가치가 중간 수준으로 회복되면서 그에 상응하여 그러한 화폐가 중시되었다.

여러 가지 내부의 필요성 때문에 틀림없이 15세기 유럽에서 가장 견고한 화폐는 영국의 은화인 그로트였을 것이다. 작은 은화들이 이 시기에 베네치아에서 유통되기도 했다. 베네치아에서는 이러한 작은 은화의 가치가 1솔도나 작은 베네치아 은화로 12데나로였다. 머지않아 임금을 1328~1329년에 주조된 이러한 솔도 화로 주로 지불하게 되었다. 마찬가지로 피렌체에서도 솔도가 주조되어 부분적으로 밀라노의 시장에 도입되었다. 가장 낮은 층위의 작은 데나로나 검은 돈이 특히 인구가 꽤 많은 도시 지역에서 유통되었다. 그 도시의 일부 주민은 끔찍하게 빈곤했으며 부분적으로만 이러한 화폐를 사용했을 뿐이다. 네덜란드의 도시들, 파리, 런던, 그리고 무엇보다 북부 이탈리아의 도시들이 그러했다. 대도시에서 일하는 매춘부들에게도 이러한 검은 돈으로 사례했던 것으로 보인다. 끝으로 대부분의 자선 행위에도 그러한 검은 돈이 쓰였으며 파리에서 주조된 드니에는 '자선의 드니에'로 불렸다. 이상하게도 15세기에 잉글랜드의 왕들은 크기가 작은 검은 돈을 한번도 주조하지

않았다. 런던 사람들은 값싼 상품을 요령 있게 거래하긴 했지만, 특히 자선 행위를 할 때는 다른 수단을 이용해야 했다. 이상하게도 자비심으로 남에게 베푸는 일에는 (거래를 통해 영국에 들어온) 베네치아의 솔도 화를 사용했다.

유럽과 동방세계의 거래에서 가장 많이 사용된 화폐는 단연코 베네치아의 두카토였다. 동방에서는 심지어 이집트를 통치하던 맘루크 왕조도 1425년부터 두카토에서 유래한 아쉬라피를 주조했다. 상위의 금화와 정상적인 거래에 쓰이는 통상의 은화 그리고 일상적인 교역에 사용된 검은 돈의 가치는 종종 상당히 차이가 났다. 피렌체에서는 격차가 그렇게 크지 않았지만 방직공들이 지급받은 주화(그들은 자신들의 경영주과 마찬가지로 그런 돈을 '양모'화라고 불렀다)가 끊임없이 평가절하되었으며, 이는 14세기에 피렌체를 들썩인 폭동의 주요 원인 가운데 하나였다. 특히 1378~1380년의 유명한 반란('혁명')이었던 촘피의 난이 일어났을 때 말이다. 무엇보다 화폐를 다루어야 했던 사람들은 화폐가치의 불안정으로 큰 손해를 입었다. 화폐의 가치는 때때로 다달이 변했다. 베네치아는 특히 아주 가까운 세르비아의 은광이 개발된 덕택에 유통 중이던 세 층위 주화 간의 차이가 가장 적었다. 1413년 두카토의 가치는 124솔도였으며, 이는 두 화폐 간의 차이가 시칠리아와 피렌체의 경우보다 훨씬 더 작았음을 의미한다. 이름없는 '파리의 부르주아'가 1421년 자신의 《일기》에서 지적한 내용에 관해 위대한 경제사학자, 특히 화폐의 역사를 연구하는 장 뫼브레가 한 말을 상기해보자.

소수의 사람들, 협상가들, 재무 관리들만이 금화를 알고 있었다. 민중은 전체적으로 단지 중요한 물건들을 사는 용도로만 은화를 이용했으며 유일한 일상 화폐는 보조화폐였다. 그리고 자가소비에 의해 많은 욕구를 충족했으며 물물교환은 차단되었다."†

사람들은 종종 이러한 뵈브레의 의견을 토의하면서, 이는 16세기에는 타당하지만 15세기에는 그렇지 않다고 판단했다. 나는 장 뫼브레 자신에게서 확실히 15세기에도 마찬가지였다는 견해를 얻었다. 그와 반대로 상당한 규모의 지불이나 산정이 관건이었을 때 은화는 도시에서, 예를 들어 임금과 연금용으로 중간 계급 사이에서 유통되었을 뿐만 아니라 농민들에게서도 유통되었다. 농민들은 일반적으로 개인적인 수확물을 판매할 때 은화를 받았던 것이다.

1469년 루이 11세, 에드워드 4세, 프리드리히 3세, 부르고뉴의 샤를 그리고 베네치아의 사절들이 함께 모여 브뤼헤에서 회의를 열었다. 그들은 화폐 간의 비율을 명확히 규정하려고 노력했다. 강력한 정치 지도자들이 통화 무질서를 확인하고 어쩌면 통화 기근의 위협을 인정한 탓이었을 것이다. 무엇보다 검은 돈이 부족했는데, 오늘날 역사학자들은 그러한 통화 기근이 중세의 '발전'에 제동을 건 주요 걸림돌 가운데 하나였음을 잘 알고 있다.

† J. Meuvret, "Circulation monétaire et utilisation économique de la monnaie dans la France du XVIe au XVIIe siècle", *Etudes d'histoire moderne et contemporaine*, 1, 1947, 그리고 *Etudes d'histoire économique, Cahiers des Annales*, XXXII(Paris, 1971, p. 127 이하)에 재수록.

부록: 중세에 땅시장이란 것이 존재했는가

중세에 전체 기독교 사회를 위한 통합 시장이 있었는가, 이 문제는 경제, 특히 우리가 관심을 갖고 있는 화폐 경제의 본질을 규정하는 핵심 문제이다. 중세사회에서 시골 경제가 차지하는 중요성으로 인해, 이 주제에 대한 여러 연구서들이 출간되었다. 특히 1990년대 영국인 크리스 위캠, 그리고 로랑 펠레와 프랑수아 므낭을 비롯한 뛰어난 프랑스 중세사가들이 그 문제를 연구했으며, 로랑 펠레와 크리스 위캠이 저술한 《중세의 땅시장(Le Marché de la terre au Moyen Age)》(2005)에는 유럽 전역을 대상으로 연구한 논문들이 실려 있다. 이 책에서 여러 필자들이 한 목소리를 내는 것은 아니다. '시장'이라는 용어가 프랑스에서 편찬되는 사료보다 앵글로색슨 계통에서 편찬되는 사료†에 나온다는 사실도 문제가 되었다. 이 책의 결론은 상당히 알차긴 하지만 많은 중요한 문제들을 토의 대상으로 남겨두었으며, 이 책은 오히려 중세에는 땅시장이 없었다는 것을 인정하는 방향으로 끝을 맺었다. 알랭 게로는 땅시장 그 자체를 넘어 이러한 의견을 강력하게 표명했다.†† 이러한 연구는 본질적으로 인류학의 도움을 받아야 하기 때문에, 모니크 부랭은 책의 서문에서 여러 저자들이 가장 많이 원용된 칼 폴라니의 견해에서 이탈해 차야노프

† 어쩌면 영국의 재정 분야가 일찍 성숙했고 'money'라는 용어가 모호하기 때문에 그런지도 모른다. 'money'는 고대에서 물려받은 이탈리아 용어 '페쿠니아(pecunia)'와 유사하다.

†† Alain Guerreau, "Avant le marché, les marchés: en Europe, XIIIe-XVIIIe siècle", *op. cit.*

(1888~1939)의 주장을 지지했다고 지적했다. 중세 경제에 적용할 수 있다고 판단된 차야노프의 생각들로부터 농민 경제에 대한 한 가지 관념이 비롯되었다. 그러한 개념에서는 각종 거래가 가족의 규모에 따라 주기적으로 변화하는 개발 규모에 의해 지배되었다는, 아니 어쨌거나 폭넓게 조건 지어졌다는 생각이 땅시장 문제에 통합되어 있었다. 이러한 주장은 특히 앵글로색슨 계열의 대부분의 역사학자들에게 영향을 미쳤는데, 그들은 시대를 막론하고 대부분의 농민 경제 영역에 있을지도 모를 땅시장의 존재에 관심을 가졌다. 나는 그와 반대로 산업혁명 이전에 세계의 다른 지역과 마찬가지로 유럽은 (더군다나 경제 현상 그 자체가 사회 상황과 분리될 수 없기 때문에) 경제에 관련된 것이 사회에 관련된 것을 지배했다는 사실을 몰랐다고 생각한 폴라니가 옳았다고 생각한다.†

거듭 말하거니와 나는 그 책의 서문(p. XI)에서 모니크 부랭이 언급한 견해를 공유한다. 그에 따르면 중세의 여러 지역에서 권력 관계와 각종 위계가 일반적으로 현실에 상응했기 때문에 부동산 거래가 촘촘히 짜인 사회관계 속에 스며들어 있었다. 로랑 펠레가 편찬한 사료에서 농민들의 토지 이용 실태에 대한 성찰의 출발점으로 앙리 망드라의 저서 《농민들의 종말(La Fin des paysans)》(1967년 출간, 1991년 신판 발행)을 참조한 것은 옳았다. 망드라는 거기에서 토지는 중세 농민에게 생산 도구이기 전에 애정 어린 재산이었으며 농민들은 그러한 재산과 특별한 관계를 유지했다고 주장했다. 레이나 파스토르(Reyna Pastor)는 에스파냐, 특히 갈리시아 지방의 토지 거래에 관한 연구에서 토지 매매가 종종 가상의

† 이것은 그 책 211쪽에서 프랑수아 므낭이 표명한 관점이다.

협정에 감춰진 증여경제를 가리키는 교환 형태의 하나라는 점을 잘 보여주었다. 경제적인 거래의 성격을 띠는 가상의 협정 말이다.

로랑 펠레는 중세 토지 유통은 시장 법칙에 따르지 않는 각종 메커니즘을 참고하여 기술해야 한다고 결론지었다. 그는 사회와 가족의 연대를 강조했으며, 기부를 거치는 경우도 있었겠지만 당사자의 선택으로 화폐를 사용함으로써 거래가 성사되었다고 강조했다(p. 28). 플로랑스 웨베르(Florence Weber)는 전쟁과 개인 상호간의 연맹 사이에 나 있는 좁은 통로를 상업상의 관계가 차지했다고 확인했다. 미국의 중세사가 바버라 로젠바인†의 생각은, 비록 10~11세기에 적용되는 것이지만, 중세의 클뤼니 연구에 몰두한 역사학자들에 많은 영향을 주었다. 그녀는 경제나 화폐와 무관한 동기들이 수도회의 수도사들에 영감을 주었다는 것을 보여주었다. 이타성과 종말론에 관련된 사고, 검소한 생활과 수도원이 추구하는 이상과의 일치, 망으로 연결된 동맹관계의 활성화 및 유지, 수도회에 들어오는 아이들에 대한 보조금을 통해 가족의 유산을 보호하는 것 말이다. 간단히 말해 파트리스 베크가 강조했듯이 이러한 부동산 거래는 증여경제에서 유래했으며 클뤼니 수도회의 11세기를 훌쩍 넘어 연장되었다. 도미니크 바르텔레미는 《1000년~14세기 방돔 백작령 속의 사회(La Société dans le comté de Vendôme de l'an mil au XIVe siècle)》(파야르, 1993)에서 토지에 관련된 각종 거래가 증여경제와 시장 경제를 얼마나 많이 혼합했는지 설명해주었다. 장원 내부에서 사회관계에 기초

† B. Rosenwein, *To be the Neighbor of Saint Peter: the Social Meaning of Cluny's Property, 909~1049*, Ithaca, Londres, 1989.

한 이러한 혼합에 의해 봉건제가 규정되었다. 마르크 봉페르는, 공증인을 거쳐 거래가 이루어지는 에스파냐에서 그리고 귀족과 성직자 계급의 사료에 수치 자료가 거의 들어 있지 않은 영국에서 다양한 원전을 비교하기가 어려운 점을 강조했다. 더불어 만일 중세 말기 에스파냐의 땅시장에 대해 말하려 한다면 지역적인 차원에서 상당히 세분화되어 있으며 경제와 관련되지 않은 개인적인 요인들(인기 전술, 특히 친족관계)이 개입되는 시장이 관건이라는 것을 명확히 밝혀야 한다고 지적했다(p. 182).

프랑수아 므낭은 유럽의 다양한 사료에 등장하는 땅시장 주제에 관해 연대기에 의거해 탁월한 연구를 수행했다. 그는 프랑스와 영국에서 전원 사회의 경제에 대한 주요 연구(조르주 뒤비, 로베르 포시에, 앙드레 셰드빌, 그리고 영국의 마이클 포스턴의 연구)가 나온 이후 유럽의 다양한 사료에 땅시장 주제가 등장했다는 점을 지적했다. 그리고 차야노프가 미친 영향력과 결합된 이 주제는 영국을 사로잡았지만 여전히 프랑스와 이탈리아 중세 연구가들의 작업에는 속해 있지 않았으며, 영국의 역사학자 크리스 위캠만이 중세 이탈리아의 전원 경제에 관한 각종 연구에 그 주제를 끌어들였다고 지적했다. 프랑스에서 《아날(Annales)》의 영향권 내에 있는 일부 역사학자들 그리고 조반니 레비 같은 이탈리아의 역사학자들은 미시사를 신봉하는 이들로, 이들만이 그 주제에 관심을 가졌다. 에스파냐에서는 땅시장이란 주제가 뒤늦게 도입되었고, 에스파냐 연구자들은 오히려 그 한계를 강조해 '시장 없는 거래'라는 표현을 쓰기까지 했다.

엠마누엘 그를루아는 오베르뉴의 토지를 대상으로 하는 거래를 연구하면서 우선 이러한 거래가 토지 자체보다 소득, 담보물, 이 토지에 내재된 연금을 대상으로 한다는 것을 지적했다. 그는 중간 정도의 면적 내에서도 심하게 불평등한 가격을 눈여겨보았으며, 14세기에 화폐 경제 이행 수준이 상당히 높았음에도 불구하고 부동산은 여전히 가치를 보유한 것으로 남아 있었다고 결론을 내렸다.

크리스 위캠은 토지에 관련된 각종 거래에는 언제나 경제적 사회적인 요소가 혼합돼 있다고 볼 수 있으며 이렇게 뒤얽힌 양상은—폴란드의 위대한 역사학자 위톨드 쿨라가 《봉건제의 경제 이론(Théorie écomomique du système féodal)》(바르샤바, 1963; 프랑스어, 영어, 이탈리아 번역본이 있다)에서 다른 한 시기와 멀리 떨어진 한 지역, 즉 15~17세기 폴란드에 대해 잘 설명한 대로—봉건 체제의 한 특징이며, 중세에 유럽 봉건 체제의 상대적인 단일성이 어떠하든 간에 땅시장은 지역별로 상당히 달랐다고 강조했다.

13
탁발수도회와 화폐

이제 앞에서 예고한 대로 탁발수도회—이름 자체가 결말을 뻔히 보여준다—와 화폐의 관계를 살펴보자. 그러한 관계는 자주 토의되고 논란의 대상이 되었다. 13세기에 창설된 이 수도회—도미니쿠스 회, 프란체스코 회—는 교계 제도에 의해 인정받았지만 주교의 영역 밖에서 활동했다. 그들의 사명은 이단 척결과, 신약 시대 예수 그리스도가 보인 모범 사례 및 말씀에 긴밀히 기초하여 기독교의 정통성 속에서 기독교 사회, 특히 도시에서 자리 잡아가던 새로운 사회를 지키는 것이었다. 이런 수도회가 마주한 주요 문제 가운데 하나는 기독교 교리와 화폐, 그러니까 돈을 이용한 거래 확대에 관련된 문제였다.

자발적인 가난에서 시장 사회로?

이런 수도회 가운데 화폐와 벌이는 투쟁 아니 화폐와 나누는 대화라고 불릴 만한 것에 가장 밀접한 조직은 프란체스코 회이다. 창설자인 아시시의 프란체스코는 상인의 아들이었으며 자신과 더불어 다른 사람들을 구원으로 이끌기 위해 반란을 일으켰다. 그는 소박한 생각과 행동으로 화폐와 투쟁했을 뿐만 아니라 화폐를 거부했다. 이로써 교황권의 압력을 받아 그가 창설한 수도회 내에서 그리고 도미니쿠스 회에서는 최소한도로 구걸 행위를 했으며 그들은 탁발수도사라는 이름을 얻었다. 성 프란체스코와 동료 가운데 일부는 생존 수단으로 구걸 행위를 하는 것과 육체노동을 하는 것 사이에서 주저했다. 여기서 중요한 것은 탁발수도사들이 화폐에 대해 취한 태도로, 이는 내가 여기서 연구하려는 역사를 밝혀주며 현대의 사료에서 격렬한 토론을 불러일으켰다. 아시시의 프란체스코는 자신의 수사들을 위해 교황의 명령에 의거하여 1221년 첫 번째 규칙을 완성했다. 교황은 이 종교로 하나의 수도회가 형성되기를 원했다. 교황이 규칙을 수정해 달라고 요청했기 때문에 그는 1223년 한 규칙을 작성했다. 교황이 교서를 내려 확증해주었기 때문에 이는 결정적인 규칙이 되었다. 그 교서의 한 장에는 "수도사들이 돈을 받는 것을 금함"이라는 제목이 붙어 있었으며, 돈을 페쿠니암 아우트 데나리오스(pecuniam aut denaros)라고 표현했다. 그리고 수도사들이 돌보다 페쿠니아와 데나리에 더 관심을 보여서는 안 된다고 명시했다("quia non debemus maiorem utilitatem habere et reputare in pecunia et denariis quam in lapidibus"). 돈을 삼가는 것에 관련된 장에는 직접적으로든 누군가의 중개를 통해서든 "데나리오스 벨 페쿠니암(denarios vel pecuniam)"을 받지 말라고 단호하게

(firmiter) 금지하는 내용이 있었다. 거기에서 주화를 돌과 같이 생각하라는 내용은 사라졌지만 강경한 금지 조치가 내려진 것이다.

나는《돈주머니와 생명. 중세 경제와 종교(La Bourse et la Vie. Economie et religion au Moyen Age)》에서 13세기에 교회가 선량한 기독교인들을 위해 화폐(돈주머니)의 사용과 영원한 구원(생명)을 양립시키려 한 방식을 보여주려고 애썼다. 이 문제는 본질적으로 고리대금의 개념과 관행에 연결되어 있는데 나는 이 책의 다른 곳에서 그것을 언급했다. 나는 감히 이 연구를 넌지시 시사하려는바, 거기에는 이 평론을 지배하는 견해들이 규정되어 있기 때문이다. 거기에서 내가 강조한 내용은 다음과 같다. 중세는 여러 현실을 우리의 방식과는 상당히 다른 방식으로 드러냈다. 오늘날 우리는 그러한 현실을 따로 떼어놓고 그것으로 특정한 한 범주, 즉 경제 분야의 내용을 만든다(p. 21). 내가 거기서 인용한 현대의 위대한 경제학자는 주로 내게 영감을 주고 나를 인도해주는 사람이다. 그리하여 나는 시대 고증의 오류를 피하고 중세사회에서 '경제 에 관련된 것'이 수행하는 기능을 이해하게 되었다. 그가 바로 앞에서 언급한 칼 폴라니이다. 특히 폴라니는 중세 같은 옛 사회에서 "경제는 사회관계의 미로 속에 깊숙이 박혀(embedded) 있었다는 것"을 보여주었다. 나는 이 내용을 다시 환기했다. 왜냐하면 현재의 연구에 유효하기도 하고 폴라니의 견해가 내게 제공하는 아이디어 덕분에 신학자들을 포함해 중세인들이 오늘날 우리가 '돈'이라고 부르는 영역에서 구상하고 이해한 것을 규정할 수 있었기 때문이다. 현대 및 동시대 역사학자들은 탁발수도회, 특히 프란체스코 회가 역설적으로 자발적인 가난이라는 개념에서 '시장 사회'에 영감을 줄 화폐에 대한 견해를 발전시켰다고 생각했다.† 나는 여기에서 피에르 드 장 올리비의 《판매계약론(De emptionibus et venditionibus)》의 허술함을 강조하는 선에서 그치려 한다. 자코모 토데스치니는 대단히 박식함에도 불구하고 주로 견실하지 못한 그 저작에 기댔다. 우리가 이미 만나본 피에르 드 장 올리비의 저서는 격렬한 논쟁을 낳았다. 나와 같은 입장을 고수하는 사람들은 변방에 위치한 이 개론서는 중세에 거의 영향을 미치지 않았으며, 일반적으로 공언된 관점보다 오히려 규정을 벗어난 사고의 성격을 띤다고 생각한다.

확실하고 중요한 것은 프란체스코 회가 하층민들에게 생존에 필요한 최소한의 돈을 제공하기 위해 신용대출 기관을 설립했다는 것이다. 15세기 말에만 그렇게 하긴 했지만 말이다. 새로운 가난은 중세 말까지 여전히 탁발수도회, 특히 프란체스코 회의 중요한 목적 가운데 하나로 남아 있었다. 다니엘라 랑도(Daniela Rando)는 공영 전당포를 "담보물의 보증과 저금리 지불이라는 수단으로 도시의 노동 계층에게 단기 대출을 보장하기 위해 창설된 기구"††로 정의했다. 이 가운데 가장 오래되었

† 자코모 토데스치니 연구 논문의 방대한 목록 가운데 나는 다음 저서가 가장 내실 있다고 생각한다. *I Mercanti e il Tempio. La società cristiana e il circolo virtuoso della richezza fra Medioevo ed Età moderno*, Bologne, 2002. 이 저작 외에 한 경제 이론(공동의 복지이론 성향을 보이는 경우 이 이론은 나중에 부의 올바른 사용에 의거하는 자본주의 이론이 된다)이 다듬어지고 완성되는 과정에서 수행되는 프란체스코 회의 역할에 대한 해석을 가장 분명하게 설명해주는 저서가 2004년 출간되었고, 《프란체스코 회의 부. 자발적인 가난에서 시장사회로(Richesse franciscaine. De la pauvreté volontaire à la société de marché)》(Ed. Verdier, 2008)라는 제목으로 프랑스어로 번역되었다. 볼로냐 대학의 명예교수이자 유명한 역사학자인 파올로 프로디는 그와 마찬가지로 (심지어 그것을 확대하면서) 자신의 저서에서 중세에 정치권력과 구분되는 경제권력의 탄생을 주장했다. *Settimo non rubare. Furto e mercato nella storia dell'Occidente* (신의 제7계명에 빗댄 것), Bologne, il Mulino, 2009.

다고 알려진 기구는 1462년 페루자에 있었다. 그것은 밀라노의 프란체스코 회 수도사 미켈레 카르카노의 제안으로 설립되었다. 이러한 기구는 이탈리아 북부에 이어 유럽 전역으로 퍼져나갔다. 공영 전당포는 대개 프란체스코회 수도사의 설교로 만들어졌으며, 도시 당국이 기구를 조직하고 각종 의연금과 기부금, 유증 등으로 초기 자본을 모으고 운영자와 운영 규칙을 정했다. 공영 전당포를 이끄는 사람들은 무상으로 대출을 보장하려 노력했지만 결국 매우 낮은 이자율, 약 5퍼센트를 유지하는 선에서 그쳤을 뿐이다. 공영 전당포는 맹렬한 비난을 불러일으켰다. 어찌 보면 고리대금 형태가 보였기 때문이다. 이를 통해 고리대금을 둘러싼 관행과 토의가 중세 말에도 얼마나 거세게 일었는지를 알 수 있다. 교황 레오 10세는 《교서(Inter multiplices)》(1515)를 통해 공영 전당포를 인정하면서 논쟁을 종식시켰다.

탁발수도사들이 수행한 회계 업무

화폐 분야에서 탁발수도회의 구상과 실제로 수행한 행위가 대단히 중요한 양상을 띠었기 때문에 나는 니콜 베리우와 자크 시폴로가 조직한 주목할 만한 콜로키움에 의거해 이 이야기를 끝내고자 한다. 그 콜로키움의 내용은 다음 책으로 출간되었다. 《경제와 종교. 13~15세기 탁발수도회의 경험(Economie et religion. L'expérience des ordres mendiants, XIIIe-XVe siècle)》

†† "Monts-de-piété", A. Vauchez(dir.), *Dictionnaire encyclopédique du Moyen Age*, Paris, Le Cerf, 1997.

(리옹 대학 출판부, 2009). 자크 시폴로가 내린 결론을 되풀이하며 나는 나중에 경제라고 불리는 영역에서 종교와 무관한 일부 신흥 집단의 새로운 관행과 관련하여 탁발수도회, 특히 프란체스코 회가 수행한 행위의 특이성을 강조한다. 이러한 새로운 관습은 기독교에 관련된 생활을 전체적으로 합리화하는 것이었다. 막스 베버가 이를 특별히 언급했으며, 옛날 수도원, 성당 참사회, 주교의 측근, 그리고 무엇보다 교황 자신이 탁발수도사들에 앞서 그런 입장을 취했다. 따라서 탁발수도사들은 이 분야에서 혁신을 일으킨 것이 아니었다. 2003년 로마에서 개최된 원탁회의가 강조했듯이 교황청은 다양한 회계를 일원화하지 않았다.† 이 새로운 회계 관행에서 프란체스코 회는 언제나 자발적인 가난의 원칙에 우선권을 부여했다. 자크 시폴로의 용어를 되풀이하자면, 사실상 탁발수도사들이 수행한 회계 업무는 상업이나 세금 전문가들이 수행한 것보다 더 촌스럽고 투박해 보인다.†† 그러한 업무의 골자는 "예기치 않은 기부와 정기 연금을 기대할 수 있는 상황에서 식비와 의류비, 부채를 기록하며 자신들의 빈곤 상태를 정기적으로 확인하는 것"이었다. 1360~1380년 새로운 관리 관행의 등장으로 탁발수도사들은 계속해서 주로 막스 베버가 말한 '구원 경제' 쪽으로 향했다. 예를 들어 파도바의 스크로베니 가문의 예배당 건축과 장식에 대하여 이미 인용한 키아라 프루고니의 연구가 훌륭하게 보여준 것처럼, 14세기에 가속화된 여러 교회와 탁발수

† "Les comptabilités pontificales", *Mélanges de l'Ecole française de Rome, Moyen Age*, 2006, p. 165~268.

†† N. Coquery, F. Menant, F. Weber, *Ecrire, compter, mesurer. Vers une histoire des rationalités pratiques*, Paris, 2006.

도원의 자금 조달은 주로 '죽은 사람을 위한(pro mortuis)' 기부, 유증, 자기네 교회나 묘지에 매장해 달라는 요청에서 비롯되었다. 이는 종교와 무관한 부자들이 건축 분야에 자금을 투입하는 행태와는 상당히 달랐다. 다시 자크 시폴로의 표현을 들어보면, "중세 말의 웅장한 교회 건물과 탁발수도사들의 화려한 건물은 수도사들의 생활 규칙과 어긋나는 사례는 아니다. 이러한 건물과 그들의 집기가 온전히 그들의 수중에 있었던 적이 한 번도 없었기 때문이다. 탁발수도원은 수사들만의 소유물이 아니었을지도 모른다". 유럽 전역에서 탁발수도사들이 벌어들인 소득은 특히 공채를 관리하기 위해 도시나 제후의 고위 관리들이 편성하고 창설한 연금에서 나왔고 수사들의 소유가 아니라 공유 재산에 편입되었다. pensio라는 단어는 수도사들의 모든 소득을 가리키는 말로 무엇보다 단순한 'victum et vestitum(양식과 의복)'의 조달에 관련되어 있었다. 이는 가난을 실천하는 것에 상반되지 않는다. 게다가 탁발수도사들은 각종 정기 수입과 정액지대의 사용권 혹은 용익권을 대리인들을 통해 받았기 때문에 재산을 소유하고 관리하는 일에서 멀리 떨어져 있었다고 주장할 수 있었다. 그래도 변함없이 그들을 비판하는 당대인들이나 오늘날의 일부 역사학자들을 설득시키지 못한다. 눈여겨볼 만한 점은, 수도사들이 스스로 맹세한 자발적인 가난에 상반되는 듯한 일부 거래를 위해 종교와 무관한 중개인들의 도움을 청해야 했다는 것이다. 그리하여 자신들의 설교에서 예를 든 경우보다 더 일반적인 도시 활동에 끼어들게 되었으며 도시에서의 목회 신학 효율성이 더 높아졌다. 이것은 중세에 화폐가 사회와 사회 집단의 형성에 미친 영향을 입증하는 한 가지 사례에 불과할 것이다. 화폐는 그것을 이용하는 사람들 사이의 관계—

틀림없이 다른 식으로는 존재하지 않았을 관계 말이다—를 맺어주거나 강화한다. 14세기와 15세기에 특히 프란체스코 회 수도원 내에 매장하기 위해 그리고 고인을 위한 기도를 받기 위해 프란체스코 회에 도움을 청하며 내는 돈이 이 수도회 소득의 절반가량을 차지했다. 죽음이 화폐로 전환된 것이다. 연옥의 존재에서 확대된 믿음이 기부금에 유리하게 작용하기도 했다. 심지어 상당히 적은 액수의 기부금에도 말이다. 사람들은 대부분의 교회에 있던 헌금함이나 "연옥 영혼들의 반(盤)"을 통해 기부금을 냈다. 상기시키거니와 12세기 초부터 호노리우스 아우구스토두넨시스는 면병의 형태에 대한 비유로 봉헌된 면병이 구원에 필요한 화폐와 같다고 지적했다. 이는 중세에는 오늘날 우리가 말하는 돈이 아니라 여러 이름과 가치를 갖고 다양하게 유래하여 폭넓게 보급되고 새로운 생존 수단으로 인정받은 화폐가 아주 중요했음을 잘 보여준다.

14세기와 15세기에 자발적인 가난이라는 운동은 노동의 가치가 높아지는 상황과 자발적인 빈자였던 탁발수도사들과는 반대로 건장한 몸으로 구걸하는 사람들을 점점 더 비난하는 상황에 부딪혔다. 탁발수도사들은 의연금을 점점 더 적게 모으게 되었다.

내가 이 책에서 구원 경제와 사회적으로 이런 경제가 운영되는 양상을 통해 보여주려 한 것처럼 "은총, '카리타스', 기부"가 있었다. '경제와 종교(Economie et religion)'라는 콜로키움에서 연구자들은 알랭 게로의 입장과 반대로 중세는 위험 개념을 알았으며, 탁발수도사들 역시 그러했다는 점을 보여주었다. 나는 마지막에 단언한 내용을 더 명확하게 이해하지 못했다. 그 내용에 따르면 역사학자들은 종교사를 지나치게 경제사와 분리했던 것이다. 탁발수도회, 특히 프란체스코 회와 오늘날 우리가 말하는 화폐 경제 간의 관계 변화는 종교와 경제를 분리하지 말아야 한다는 것을 보여준다. 하지만 나는 폴라니의 견해를 되풀이하는바, 중세에 경제는 항상 종교의 지배를 받았고 종교에 의해 전적으로 자극받은 인간의 활동에 통합되어 있었다. 내 생각에 자코모 토데스치니 같은 탁월한 역사학자들의 오류는 프란체스코 회의 가상의 경제사상에 따라 성찰했다는 점이다. 물론 교회의 여러 가르침과 행태에는 오늘날 우리가 말하는 경제에 영향을 미친 계율과 행위가 관련돼 있지만, 중세에는 경제를 인지하지 못했을 뿐만 아니라 경제가 존재하지도 않았기 때문에 프란체스코 회의 견해와 행태는 다른 무언가에 관련되어 있다. 자발적인 가난에는 경제적인 특징이 없다. 나는 그것이 윤리적인 것에 한정돼야 한다고 생각한다. 관건은 신의 시선을 받으며 여러 영역에서 사고하고 행동하는 방식이었으며, 성경과 여러 전통은 그러한 갖가지 영역에서 기독교인들에게 신의 분노를 사지 않고 천국에 들어가기 위하여 어떻게 처신해야 하는지를 가르쳐주었다. 그런 식으로 교회의 가르침을 읽어내고 이용하는 것이 화폐에 한 자리를 내줄 수 있는지 아니면 그저 화폐가 언제나 분명하게 식별되지는 않는 부의 한 요소에 불과한지를 바로 이러한 행태 내에서 찾아보아야 한다. 이러한 행태는 기독교인들 사이에서의 사회적 지위와 연관이 있다. 나는 비록 '부자'라는 단어가 점점 더 많이 사용되긴 하지만 중세는 기본적으로 힘있는 사람들과 가진 게 없는 사람들로 나뉘어 있었다고 생각한다. 일부 종교단체, 특히 탁발수도회들은 자신들이 어떤 정신으로 그 문제에 접근했는지 강조하기 위해 '가난'이라는 전통적인 용어가 있음에도 '자발적인 가난'이라는 말을 만들어냈다. 이것은 다름 아닌 삶을 영위하고 사고하는 방식인 것이다.

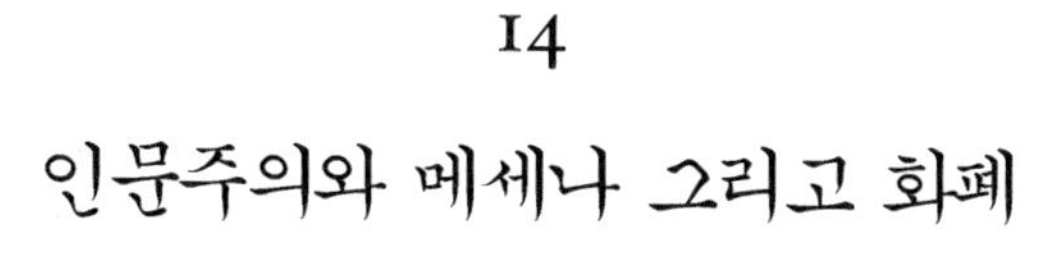

14 인문주의와 메세나 그리고 화폐

우리는 중세 초기 이래 유럽의 주요 경제 세력이 된 교회가 특히 13세기부터 화폐 유통이 비약적으로 늘어나는 상황을 잘 받아들였다는 점을 살펴보았다. 우리는 화폐와 탁발수도회, 특히 프란체스코 회의 관계에 특별한 관심을 기울였다. 왜냐하면 이 수도회는 13세기에 출현했을 때부터, 그리고 현재 편찬되는 사료에서도, 여전히 화폐의 역할과 가치에 대한 격렬한 논쟁을 불러일으켰기 때문이다. 일반적으로 교회, 특히나 교황청이 수도원, 탁발수도사들에게 보인 태도 변화에 따라 차이를 인정해야 하지만, 다양한 성직자 계급 간에, 그리고 다양한 교회 사회에 구현된 기독교 교리는 화폐에 다소 주저하고 심지어 적대감을 보였다고 말할 수 있다. 교회가 중세의 모든 영역에서 주요 권력 기구였기 때문에 화폐를 불신하는 교회는 적어도 14세기까지 사상가들뿐만 아니라 일상생활 속에서 사람들을 인도했다. 14세기와 15세기에 유럽의 기독교인들은 변화했으며 일부 역사학자들은 그들이 화폐에 대해 사실상 사고를 전환했다고 보았다. 이 시대에 부자의 정의가 변했으며 부가 화폐와 동일시되었다고 확신할 순 없지만, 소수의 문화적 · 사회적 엘리트 계층에서 나타난 이러한 변화를 부인할 수는 없다. 중세 말에 등장한 그러한 엘리트 계층을 인문주의자라고 한다. 이러한 심리적 · 문화적 전환을 촉발한 것은 상인에 대한 태도 변화일 것이다. 일찍이 교회는 우선 지옥에 내던져질 운명에 처했던 상인을, 주로 그의 유용성을 인정하고 13세기에 정의의 요구에 포함되는 일부 가치를 준수하는 조건으로 받아들였다. 앙드레 보셰는 13세기 초에 서서히 진행될 수밖에 없었던 상인의 명예회복 사건—통상 증거로 제시되는 것이 이미 인용한 크레모나의 직물 상인 호모보누스(1197년 사망)를 1199년 성인품에 올린 일이다—이 교회가 '사업'을 존중하고 그에 상응하여 점차 화폐를 존중하는 쪽으로 전환한 과정이었다는 사실을 잘 보여주었다.†

초기 인문주의

때로 교회가 상업 및 은행 업무에 관련된 행위, 세금이 부과된 고리대금

† A. Vauchez, "Homo mercator vix aut numquam potest Deo placere: quelques réflexions sur l'attitude des milieux ecclésiastiques face aux nouvelles formes de l'activité économique au XIIe et au début de XIIIe siècle", *Le Marchand au Moyen Age*, SHMES, Paris, 1992, p. 211~217. 그렇지만 시성 교서에서 유일하게 보존된 서문은 성 호모보누스가 상인이었음에도 '불구하고' 성인품에 올려졌음을 강조한다는 점을 유의해야 한다.

행위에 연결된 태도를 전적으로 비난하는 입장과, 12세기 이래 공식적으로 7대 중죄 가운데 하나였던 탐욕의 죄에 속하는 행위를 비난하는 입장 사이에서 모호한 태도를 보인 경우도 있었다. 탐욕의 죄에 속할 뿐인 행위에 대한 비난은 서서히 관용으로 바뀌었으며, 일부 초기 인문주의자들은 현금 자산을 비롯한 부를 예찬했던 것이다.

니콜 베리우는 13세기 설교자들의 화폐를 사랑하는 마음이 '다양하게 변했다'는 사실을 잘 보여주었으며 "악덕과 미덕 사이의 금전욕"† 에 관한 연구에서 그 상황을 적절히 정의했다. 금전욕은 다양한 방식으로 공격받았다. 다시 말해 전통적인 이미지, 이를테면 가난한 다미앵에게 망토의 반쪽을 준 성 마르탱의 이미지를 통해서 말이다. 고리대금은 종종 절도의 한 형태로 취급되었다. 그러한 견해는 성 암브로즈에 이어 12세기 중반 《그라티아누스 교령집》에 채택되었다. 설교자들은 종종 고약한 부자들이 가난한 사람들에게 저지르는 잘못을 지적하며 그들을 비난했다. 가난한 사람들은 13세기에 기독교 교리의 새로운 주역이었다. 고리대금업자는 가난한 사람들의 살인마로 취급되었다. 그렇지만 니콜 베리우는 "신학자들과 마찬가지로 설교자들은 머릿속에 경제 그 자체를 탐구 대상으로 상정하지 못했다"고 강조했다. 그들은 종교적인 차원에서 말하고 행동했고 금전욕은 거기에서 하나의 죄, 아니 적어도 인간 본성의 약점으로 나타났다. 기독교인의 삶은 화폐로 가늠될 수 없었다. 이런 견해는 당시 설교자들이 강조한 것인데, 신의 사랑은 무상이었기 때문이다.

† *L'Argent au Moyen Age*, colloque de 1997, Paris, 1998, p. 267~287.

초기 인문주의자들의 화폐에 대한 태도가 14세기에 곧바로 표현되지는 않았다. 파트릭 질리는 심지어 많은 현금 자산을 경멸하는 프란체스코 회 수도사들과 이 시대 인문주의자들이 아주 유사한 태도를 지녔음을 보여주었다. 토마스 아퀴나스는 상대적으로 관용을 보였다. 그는 많은 현금 자산을 포함하여 부에 대해 지상에서 인간이 활동을 완수하는데 극히 적긴 하지만 실제적인 가치가 있음을 인정했다. 특히 보카치오는 화폐에 대한 이러한 적대감을 드러낸다. 보카치오는 1355~1365년에 편찬한 개론서 《양쪽 운명에 대한 처방(Remèdes de l'une et l'autre fortune)》에서 이렇게 말했다. "화폐를 좋아하는 것은 편협한 사람임을 드러내는 표식이다." 이러한 인문주의자들은 자신들이 즐겨 참조했던 고대의 사상가들에게서 특히 돈을 적대시한 스토아 철학자 세네카 쪽으로 돌아섰다. 그렇지만 어떤 전환점이 15세기 초에 윤곽을 드러냈다. 베네치아의 인문주의자가 처음으로 공공연히 인간을 위한 부의 혜택을 설파했다. 그는 바로 특권층이었던 프란체스코 바르바로였으며 1415년에 편찬된 결혼에 관한 개론서〔《아내 선택(De re uxoria)》〕에서 그렇게 주장했다. 돈에 대한 인문주의자들의 태도 변화에 관련해 그 중심지는 베네치아라기보다 오히려 피렌체였다. 베네치아의 영향력이 어떠했든 말이다. 철학자이자 위정자였던 레오나르도 브루니는 코시모 데 메디치에게 헌정된 책으로, 아리스토텔레스라는 필명으로 발표한 《경제에 관련된 것(Economiques)》의 라틴어 번역본(1420~1421) 서문에서 부를 예찬했다. 새로운 사고방식의 정점은 1429년경 피렌체 출신의 포지오 브라치올리니의 《탐욕론(De avaritia)》 속에 그리고 특히 위대한 건축가이자 예술 이론가였던 레온 바티스타 알베르티의 《가족에 대한 책들(Livres sur la famille)》

(1437~1441)에 들어 있었다. 알베르티는 베네치아와 파도바에서 수학했지만 무엇보다 피렌체의 대가문에 속해 있었으며 피렌체 성당에 돔을 씌운 유명한 건축가 브루넬레스키와 상당히 밀접한 관계를 맺고 있었다. 자신의 개론서에서 알베르티는 다음과 같이 주장하기에 이르렀다.

> 화폐가 모든 것의 뿌리이자 미끼, 양식이라는 점이 이해된다. 화폐가 어느 정도로 모든 일의 신경이 되는지 의심하는 이는 아무도 없는바, 그것을 다량 소유하는 이는 온갖 빈곤에서 벗어날 수 있다.

그렇지만 알베르티 견해의 극단성을 감안해야 하고 새로 화폐를 떠받드는 사람들은 엘리트 계층이나 소수의 사람들이라는 점을 간과해서는 안 된다. 토마스 아퀴나스의 계보를 잇는 피사의 조르다노가 14세기 피렌체에서 했던 설교를 보자. 그는 성직자 계급뿐만 아니라 심지어 실업계에서 가장 많이 퍼져 있던 의견을 표명했다.

> 아리스토텔레스가 말하길 두 종류의 부자들이 있는데, 하나는 자연적인 부자이고 다른 하나는 인위적인 부자이다. 자연적인 유형은 경작자와 그 가족의 생계를 보장해주는 들판과 포도원의 부에 비유할 수 있다. 이들은 가장 아름다운 부자이며 어떠한 비난도 받지 않는다. 그리고 많은 도시는 이러한 부가 넘쳐흐른다. 인위적인 부자라고 불리는 다른 부자들은 상품을 제조하고 거기에서 돈을 끌어내는 이들이다. 도시는 그러한 부자로 가득하지만 대부분의 사람들은 고리대금업자에게 손을 벌린다. 이들은 가장 고약한 부자들이다. 그러한 부자가 되기 위해서 사람들

은 수치스러운 인간, 악인, 변절자, 썩어빠진 인간이 된다.

알베르티나 브루니의 뜻에 반하여 중세는 화폐를 사랑하지 않았다. 어쩌면 프로테스탄트 윤리와 화폐의 관계에 대한 막스 베버의 생각이 진실에 가까울지도 모르지만, 그것은 관계의 문제라기보다는 시기의 문제이다. 베버의 생각은 이론의 여지가 있긴 하다. 16세기에는 종교개혁이 일어났고 자본주의의 초기 모습이 드러나기 시작했다.†

메세나

중세인들의 생각과 행태가 우리와 다른 영역이 있다면, 분명 예술이다. 알다시피 '예술(art)'이라는 단어는 19세기에 비로소〔독일어 쿤스트(Kunst)에 이어〕 현재의 의미를 얻었으며 '예술가'라는 낱말은 18세기 말에 비로소 장인과 결정적으로 구분되었다. 18세기 말에 '기계적인 장인'과 '자유 장인'의 구분이 사라진 것이다. 그러한 구분은 고대의 용례가 계속 이어진 데 불과했다.

이러한 견해가 존재하지 않긴 했지만, 중세 유력자들은 오늘날 우

† Patrick Gilli, "La place de l'argent dans la pensée humaniste italienne au XVe siècle", *L'Argent au Moyen Age, op. cit.*, p. 309~326. Daniel R. Lesnick, "Dominicain Preaching and the Creation of Capitalist Ideology in Late-Medieval Florence", *Memoire Domenicane*, n° 8-9 (1977~1978), p. 199~247. 여기서 인용하고, 시간이 흘러감에 따라 점점 더 라틴어가 아니라 지방어로 쓰인 대부분의 원문에서 통상 '화폐'를 지칭하는 데 사용된 용어는 이탈리아어로 '데나로(denaro)'이다. 그것은 드니에에 해당한다. 그 어휘에서 아직 현금 자산을 지칭하는 데 화폐를 거론하지 않았다는 것을 분명히 알 수 있다.

리가 말하는 예술작품을 주문했으며 우리는 이것의 창작자들을 예술가라고 부른다. 사람들은 오랫동안 가장 눈길을 사로잡는 건물—교회와 성—의 건축을 종교적인 감정, 신을 기리려는 의도에 포함했으며 종종 이러한 작업이 독실한 기독교인들의 과업이라고 생각했다. 그들은 손수 작업하거나 농노나 자유 농민들에게 일을 시켰다. 사람들은 성의 건축도 백성들이 영주에게 이행해야 하는 의무에 속한다고 생각했다. 희귀한 예외를 제외하고 사실은 전혀 그렇지 않았다. 미국의 헨리 크라우스는 성당 건축에는 석재 구입 그리고 건축가들과 노동자들의 임금 때문에 비용이 대단히 많이 들었다는 것을 보여주었다. 하지만 무엇보다 12세기부터 석재가 목재를 대체하고 회화, 무엇보다 조각이 정교해지면서 지출이 많이 늘어남에 따라 화폐가 가장 많이 필요해진 분야는 우리가 말하는 메세나였다. 움베르토 에코가 잘 보여주었듯이 미의 개념은 중세에 서서히 드러났을 뿐이다. 상인들이 문예와 학술을 후원하는 부자들 가운데 한 자리를 차지했다면, 그들은 사회적인 지위 상승을 과시하고 싶어 했으며, 웅장하지 않은 예술작품은 대개 상품이 되었다는 사실을 잊지 말아야 한다. 훌륭히 연구된 14세기 아비뇽의 사례를 보자. 14세기에 여러 교황과 추기경, 그리고 그들의 측근이 거주함으로써 아비뇽은 희귀한 책과 그림, 장식 융단 시장이 되었다. 하지만 마르크 블로크가 강조한 바와 같이 예술작품을 소유한 사람들은 필요할 경우 주저하지 않고 그것들을 녹여 귀금속을 챙겼음을 명심하자. 그것은 경제에 비하여 부차적인 활동이며 무엇보다 중세인들이 수공업으로 간주된 것에 관심이 없었다는 점을 드러낸다. 물론 르네상스 시기에 다다르면서 메세나는 확대되었다. 종종 은행가라 불린 사람들, 특히 이탈리아인들이 더이상 상업활동으로 얻은 이익에서 위신을 요청하지 않을 정도에 이르렀다. 비록 경제활동이 전자본주의적인 속성을 얻지는 않았지만 말이다. 사람들은 경제활동에 그러한 속성을 부여하길 원했다. 은행가라 불린 사람들은 이제 그러한 위신을 정치 분야나 메세나에서 요구했다. 그에 대한 가장 탁월한 예를 보여주는 것은 메디치 가문이다. 가치 있는 그들의 첫 번째 장례 기념물은 1429년에 사망한 조반니 디 비치 데 메디치의 대리석 석관이었다. 한편 그의 증손자인 위대한 로렌초(1449~1492)는 은행가가 아니라 정치인이자 문예, 학술 분야의 부유한 후원자로 알려졌다.

사치품 시장

사치가 확대됨으로써 어쩌면 메세나보다 더 많이 화폐가 필요해졌을 것이다. 15세기에는 사치단속령이 되돌아왔다. 수차례 포고되었던 사치단속령은 호사스러운 생활을 제어하려 했지만 그다지 성공을 거두지 못했다. 이탈리아, 특히 피렌체에서는 어린 신부가 자신의 혼수와 선물을 담아두었던 결혼함을 대단히 많이 생산했다. 특히 15세기는 장식 융단의 세기이며 그 중심지는 플랑드르와 네덜란드였다. 아라스, 릴, 브뤼셀 등이다. 교회, 특히 개혁과 탁발수도회, 옵세르반티의 노력에도 불구하고 사치는 새로운 문학 취향과 사고방식에 의해 확대되었다. 중세 말은 초기 인문주의자들의 시대였다. 이러한 사치 풍조가 확산되자 15세기에 사치단속령이 다시 등장했다. 새로운 사치 애호가들의 출현으로 13세기 말에 등장한 법령 말이다. 영주보다 대부르주아와 특히 그들의 배우자가 사치스러운 생활을 애호했다. 화폐에 대한 관심은 언제나 사회사로 눈길을 돌리게 마련이다. 15세기에 사치단속령은 14세기 이탈리아 도시들의 일부 법령이 그러했듯이 특별한 사회 계급이 아니라 사회 전체를 겨냥했다. 특별히 흥미로운 한 사례는 15세기 초 사부아의 백작 아마데우스 8세의 사치단속령이다. 공작은 대대적으로 교회가 분리된 시기 말경 세상이 요동을 치는 가운데 1439~1449년 펠릭스 5세 교황으로 재위했다. 1430년에 나온 아마데우스 8세의 법령은 그런 규칙을 제정한 새로운 통치자, 왕, 제후, 시의 철학을 표명했을 것이다. 그러한 규정에는 각종 지출과 화폐 사용을 제한하는 조치 이상의 내용이 담겨 있었다. 그것은 제후나 각종 기구의 통치를 받는 백성들의 올바른 행동을 규정한 참된 법전이었다. 예를 들어 매춘부를 없애고 신성모독을 벌하는 내용이 들어 있었다. 사람들은 신성모독 행위 때문에 각종 재난—페스트, 폭풍우, 지진과 기근—이 일어난다고 생각했던 것이다. 화폐 사용에 대한 제한 사항은 꼭대기에 공작이 있고 하단에 농민이 있는 사회적 위계에 맞춰졌다. 이러한 법령의 중심이 되었던 의상에 대한 규제에는 의복의 본질만이 아니라 액세서리 세트, 직물의 품질, 모피, 의복의 재단, 그리고 물론 모자가 포함되어 있었다. 장신구, 보석, 금은보화의 사용은 엄중히 감시를 받았다. 이상하게도 오늘날에는 유행의 영역에 속할 태도들이 당시에는 도덕의 영역으로 간주되었다. 실로 흥미로운 점은 틀림없이 지위에 따라 의복의 길이가 달라졌다는 사실이었을 것이다. 위계의 높은 곳에 있는 사람들이 긴 옷을 입었다. 사부아 사람들의 모든 생활은, 특히 결혼, 매장, 연회는 이러한 법령에 의해 관리되고 감시받았다. 두 개의 장은 이 법령을 준수하지 않는 경우에 부과되는 형벌과 벌금에 관련된 것이었다. 사람들은 이러한 엄정한 조치가 완전히 적용되진 않았지만 오랫동안 사부아 사람들과 현재 스위스 서부 주민들의 사고방식에 어느 정도 영향력을 미쳤다고 본다. 사치단속령을 포고한 아마데우스 8세가 칼뱅을 예고하는 인물이었다고 볼 수 있을까?†

14세기와 15세기에 사치품 시장이 발달했음을 보여주는 예술품 가운데 파리의 상아, 노팅엄의 설화석고로 만든 조각, 유기그릇 공예품, 아라스의 태피스트리가 있다. 자크 쾨르는 특히 예술품을 거래했다. 피렌체의 상류 부르주아 계급은 세례당 문을 장식하는 일을 경합에 부쳤다. 이러한 사치에 반하여 혁명적인 문화예술 파괴 운동이 맹위를 떨쳤다. 가장 눈길을 사로잡고 널리 알려진 사례는 틀림없이 도미니쿠스 회 수도사 사보나롤라가 피렌체에서 벌인 운동일 것이다. 일부 사람들은 심미안을 갖고 이국적이고 보기 드물며 값비싸고 화려한 물건들을 손에 넣고 싶어 했다. 14세기와 15세기에 식생활 분야에서 그와 동일하게 화려하고 감각을 중시하는 풍토가 자리 잡았다. 중세 영주들이 맛보았던 향신료보다 더 새롭고 사치스러운 미식은 더 넓은 사회계층에 스며들었다. 중세 말은 미식의 시기였으며 사람들은 이러한 식도락을 충족시키기 위해 돈을 썼다. 돈이 많이 드는 이 새로운 식도락 대상에서 가장 눈길을 사로잡은 것이 설탕과 지중해의 감귤류였다.

14세기와 15세기 이 새로운 지출 항목 한가운데 있는 성지순례를 주목하지 않을 수 없다. 이슬람교도가 팔레스타인을 재탈환한 이래 독

† Rinaldo Comba, "La législation somptuaire d'Amédée VIII", *Amédée VIII-Félix V, premier dud de Savoie et pape*. Colloque de Ripaille-Lausanne, 1990. B. Andenmatten et A. Paravicini Bagliani éd., Lausanne, 1992, p. 191~200.

실한 기독교인들은 십자군 원정에서 관심을 거두고 성지순례를 떠났다. 십자군 원정의 본질적인 요소 중 하나로 거론되는 것이, 전쟁이 성스러웠던 만큼 더더욱 전쟁으로 타인의 땅과 재산을 차지하려는 욕망이었다. 순례는 재정 차원에서 이와 정반대로 비용이 많이 들었다. 이탈리아 시에나 출신의 순례자 마리아노가 성지 순례를 하고 나서 1431년에 쓴 글을 소개한다.

> 돈†이 없다면 순례를 하지 말라. 그렇게 하는 자는 톱질을 당해 두 토막이 날 것이다. 그렇지 않으면 다른 순례자들이 대가를 지불해야 할 것이다. 그게 아니면 그는 틀림없이 우리의 신앙을 버려야 할 것이다.

† 사용된 용어는 데나로의 복수 형태인 데나리(denari)인데, 오늘날 우리가 돈 얘기를 할 때 가장 자주 사용하는 용어이다. 이 흥미로운 일화를 전해준 친구 크리스티안 클라피슈 쥐베르에게 고마움을 전한다.

15
자본주의 혹은 카리타스?

중세에 결여되어 있는 것: 자본주의

으뜸가는 세 명의 사상가들이 19세기와 20세기에 자본주의에 대한 몇 가지 정의를 제시했다. 필리프 노렐이 최근에 내놓은 아주 흥미로운 저서†에서 그들의 입장을 설명했다. 노렐에 따르면 브로델은 자본주의에서 시장경제와는 다른 무언가를 보았다. 그것은 특히 정치권력 기관의 각종 제약에 맞서 대도시에 필수품을 공급하는 상인들이 출현하고 그들의 힘이 커진 상황에서 탄생한 것으로 보인다. 그것은 경제적인 조직 체계라기보다 어떤 심리 상태, 규제를 회피하는 행위라고 볼 수 있을 것이다. 브로델은 그러한 현상이 이탈리아의 여러 도시에서는 12세기부

† Ph. Norel, *L'Histoire économique globale*, Paris, Seuil, 2009.

터 그리고 파리에서는 13세기부터 나타났다고 생각했다. 내가 이 평론에서 한결같이 설명했듯이, 나는 이러한 중세 자본주의의 현실을 믿지 않는다.

노렐에 따르면 마르크스는 자본주의가 사실상 하나의 생산방식이라고 생각했다. 역사상 부르주아 계급과 귀족 계급이 여러 생산방식을 사적으로 전용하게 되었을 때 자본주의가 위세를 떨쳤다. 마르크스는 자본주의적 생산방식이 12~15세기에 상당히 점진적으로 탄생하긴 했지만 사실상 16세기와 17세기에 비로소 두각을 나타냈다고 생각했다. 내가 보기에, 이러한 견해의 이점은 중세를 자본주의의 테두리 밖에 놔두었다는 것이다. 노렐이 자본주의에 대해 사유한 세 번째 인물이라고 생각한 이는 20세기 초의 막스 베버였다. 베버는 자본주의를 사전에 구성한 충분한 자본으로 실현할 수 있는 이익을 위해 경제를 조직하는 것이라고 정의했다. 베버는 이 체제가 16세기에 나타나 16~19세기에 공들여 구축된 것으로 보았다. 알다시피 베버는 거기에 상당히 자세히 논의한 관점을 추가했다. 바로 프로테스탄트의 종교개혁이 이 자본주의의 탄생까지는 아니라도 그 발달에는 영향을 미쳤을 것이라는 관점이다. 여기서도 내가 중요하게 생각하는 점은 16세기 이전에는 자본주의를 거론할 수 없다는 것이다. 이러한 세 가지 견해에 브로델과 밀접한 연관이 있는 미국의 역사학자 이매뉴얼 월러스틴의 견해를 덧붙여야 한다. 월러스틴은 자본주의가 브로델이 말한 세계경제에 연결되어 있으며, 유럽이 1450년경 세계경제와 접속되었다고 본다. 사실상 그때가 자본주의의 탄생 시기였다.

중세 유럽에 존재하지 않은 자본주의의 구성요소들은 무엇일까?

첫 번째는 귀금속이든 이미 중국 사람들이 사용하고 있던 지폐든 간에 화폐를 충분히, 정기적으로 공급하는 것이다. 그런데 우리가 살펴보았듯이 중세는 수차례 통화 기근 위기에 몰렸고 15세기 말에도 그랬다. 크리스토퍼 콜럼버스는 자신이 발견한 엘도라도를 거의 신비주의 시각에서 이해했으며, 그의 눈에 비친 황금의 나라는 기독교 사회의 욕구를 충족시켜주었을 것이다. 사실 아메리카 대륙이 발견된 후, 많은 양의 귀금속이며 금과 은이 정기적으로 유럽으로 운송된 다음에야 비로소 자본주의에 대한 첫 번째 요구가 충족되었다. 16세기에 유럽에서는 세비야의 카사 드 콘트라타시온(상무원)이 아메리카 대륙과 유럽의 교역을 관할했다. 자본주의가 정착되는 데 요구되는 두 번째 조건은 다양한 시장 대신 단일 시장이 형성되는 것이다. 중세에는 시장이 열려 곳곳에서 다양한 주화를 사용하게 되었으며, 각지에서 정기적으로 열리는 장과 롬바르디아 사람들은 주화 사용을 완벽하게 통제하지 못했다. 단일시장은 16세기에 접어들어 비로소 구성되기 시작했다. 더군다나 일련의 세계화 과정을 거치며 아직 완전하게 형성되지 않았다. 내가 보기에 결정적인 세 번째 체제는 어떤 기관의 등장이었다. 15세기에 안트베르펜에서 인정받지 못했으나, 1609년 마침내 암스테르담에 설치된 상품 및 증권 거래소이다.

'카리타스'의 중요성

이제 우리는 중세 자본주의, 심지어 전자본주의의 존재를 부인했던 역사학자들의 몇 가지 견해를 다시 검토할 것이다. 나는 이에 동조하는데, 그러한 견해는 중세의 가치 개념을 다른 식으로 생각하려는 경향을 보였다. 여기에서는 '카리타스' 개념이 그 중심에 있어야 한다. 중세의 화폐가 관련된 경제 유형을 규정하길 원한다면 바로 기부의 영역을 살펴봐야 할 것이다.

중세 연구가들 가운데 기부와 '카리타스'의 중요성을 가장 잘 설명한 사람은 바로 아니타 게로잘라베르이다.† 그녀는 중세 서구사회가 종교와 교회의 지배를 받았다는 사실을 상기시켰으며 그런 점에서 폴라니와 의견이 일치했다. 폴라니는 중세에 독립적인 경제가 존재하지 않았고 사회 전체가 종교의 지배를 받는 상황에서 경제 역시 그 속에 얽혀 있었다고 강조했다. 따라서 화폐는 중세 서구사회에서 하나의 경제적인 실체가 아니다. 화폐의 본질과 사용은 다른 영역에 속하는 것이다. 여류 역사학자인 아니타 게로잘라베르는 요한의 사도서한(5, 4, 8, 16)에 따라 중세사회를 지배한 신은 '카리타스'였다고 상기시켰으며 "자비는 기독교인의 자질을 가늠할 수 있는 덕목으로 보인다. 자비에 반한 행동은 신에 반한 행동이며 자비를 거스르는 죄는 논리적으로 가장 중대한 죄에 속한다"고 덧붙였다. 이러한 관점에서 화폐가 핵심 역할을 수행하는 행위인 고리대금이 어떻게 가장 중대한 죄 가운데 하나로 단죄되었는지 쉽게 이해할 수 있다. 하지만 이 여류 역사학자는 자비가 단지 기독교인들에게 최상의 덕목에 불과한 것은 아니라는 점도 설명했다. 자비는 "서방세계의 사회적인 가치 가운데 최상의 가치"이기도 했다. 그

† "Spiritus et caritas. Le baptême dans la société médiévale", F. Héritier-Augé, E. Copet-Rougier(sous la direction de), *La parenté spirituelle*, Paris, Ed. des Archives contemporaines, 1995, p. 133~203. "Caritas y don en la sociedad medieval occidental", *Hispania. Revista espanola de historia*, 60/1/204, 2000, p. 27~62.

녀는 피에르 롱바르와 토마스 아퀴나스를 인용함으로써 그것을 증명했다. 이것이 다가 아니다. 자비는 사랑과 우정을 포함하기도 한다. 그녀는 우정, 사랑, '카리타스', 평화가 고대 로마에 존재했고 우리에게도 여전히 존재하지만 중세에 이러한 단어에 포함되어 있었던 여러 현실은 전혀 달랐다고 강조했다. "다양한 사회적 논리"에 제각기 일관성이 있는 것이다. 일반적으로 '카리타스', 그리고 특별히 화폐는 역사학자들이 보기에 동일한 경제 과정 속에 결합되어 있었다. 중세에 화폐는 주화에 한정되어 있었다. 나는 이렇게 역설하는 바이다. 중세 '화폐'의 역사를 연구하는 현대 학자들이 범하는 과오는 시대 고증의 오류에 충분히 관심을 기울이지 않은 데서 비롯된 것이다. '카리타스'는 중세의 인간과 신 사이에 그리고 중세의 모든 사람들 사이에 아주 중요한 사회적인 관계를 구성했다.

토마스 아퀴나스는 수차례 이런 글을 썼다. "자비는 모든 미덕에 형상을 부여하는 한 모든 미덕의 어머니이다."〔《신학대전(Somme théologique)》, 1-2 q. 62. a.4〕[†]

어떤 유형의 경제가 관건인가? 아니타 게로잘라베르는 분명하고 설득력 있게 일종의 증여경제가 관건임을 보여주었으며 기독교 교리의 사회 모델에서 "전형적인 증여는 신의 자비를 마음속에 두는 인간에게 사랑을 베푸는 것"임을 보여주었다. 따라서 자선이라는 아주 중요한 행위로 중세에 혹시 있을 수 있는 화폐 사용이 정당화되었다는 사실은 놀

† Hélène Pétré, *Caritas. Etude sur le vocabulaire latin de la charité chrétienne*, Louvain, 1948.

랍지 않다. 자선 행위는 대개 교회의 중개와 통제를 거쳤으므로 화폐 사용을 포함하여 중세사회의 운영에서 교회의 지배권을 다시 발견할 수 있다. 따라서 중세에 확산되는 화폐 문제는 기부의 확대와 연관지어야 한다. 자크 시폴로†는 중세 말에 상업상의 교역과 화폐 사용이 증가한 것과 더불어 자발적인 기부가 증대했다고 지적했다. 자발적인 기부금은 지상의 권력자들이 징수하는 세금보다 훨씬 더 많았다. 아니타 게로 잘라베르는 폴라니의 견해를 다시 찾아냈으며, 예를 들어 스콜라 철학자들에게서 경제에 관한 사유를 찾는 대신 "언제나 '카리타스' 속에" 상업과 물질적인 부를 단호하게 포함해야 한다고 주장했다.

알랭 게로는 화폐가치에 대한 관점 변화가 가격 결정에도 관련되었다는 점을 잘 보여주었다.†† '정당한 가격'은 교회의 구상에 부응한 것으로 세 가지 특징을 가지고 있었다. 첫 번째는 국지적으로 규정된다는 것이다. 이는 13세기에 신학자인 알렉산더 할렌시스가 언급한 바 있다. 정당한 가격은 일정 장소에서 흔히 사용되는 것이었다. 두 번째는 거래에 이용되는 가격이 안정되고 공동선에 부합해야 한다는 것이다. 알랭 게로가 강조했듯이 "통상적인 의미의 경쟁과 자유로운 수요, 공급 작용과는 정반대 개념"이다. 세 번째는 '카리타스'를 준거로 삼는 것이다. 알랭 게로는 13세기의 모든 위대한 신학자들, 기욤 도베르뉴, 보나벤투라, 토마스 아퀴나스에게서 정당한 가격의 개념은 '정의(justicia)'와 같이

† *La Comptabilité de l'au-delà. Les hommes, la mort et la religion dans la région d'Avignon à la fin du Moyen Age* (1320년경~1480년경), Ecole française de Rome, 1980.

†† "Avant le marché, les marchés", en Europe, XIIIe-XVIIIe siècle, "notes critiques", *Annales* ESC, 2001, p. 1129~1175.

'카리타스'에 기초해 있다고 강조했다. 정당한 가격의 개념은 '정의'라는 말을 참조하도록 한다.

이러한 생각들을 결합해보면 15세기 말 중세의 경우 자본주의나 심지어 전자본주의에 대해 말하기 어려워진다. 16세기에 이르러야 비로소 자본주의에서 발견될 요소들이 나타난다. 16세기부터 아메리카 대륙으로부터 풍부하게 공급된 귀금속, 상품 및 증권거래소가 등장해 오랫동안 지속된 상황 말이다. 이러한 거래소(Bourse)는, 《문화사전》에 의하면 "조직을 갖춘 일종의 공공 시장으로 여기서는 주식, 상품이나 서비스를 토대로 거래가 이루어진다".†

하지만 바로 이 사전에서 알랭 레이는 이렇게 적어놓았다. "서유럽에서 18세기 말경 어떤 변화가 일어났다." 그리고 그는 계몽시대의 저자 기욤토마스 레날이 《철학사(Histoire philosophique)》(1770. III, 1)에서 인용해 명확히 설명해준 내용을 참조하도록 했다. 말하자면 내가 《긴 중세(Un long Moyen Age)》††라는 저서에서 예증하려고 애썼듯이 16세기와 17세기에 중요한 혁신이 많이 이루어지긴 했지만 오늘날 우리가 지칭하는 화폐 분야에서 18세기까지 지속되는 긴 중세가 거론될 수도 있는 것이다. 18세기는 경제 개념이 나타난 시대이다.

나는 내가 조금 전에 표명하고 대부분 동조하는 생각들이 때로 극단적으로, 심지어 도를 지나쳐 상당히 독창적인 저서에서 다시 발견된다는 점을 지적하고자 한다. 많은 논란을 불러일으킨 그 저서는 동시대

† 《문화사전(Dictionnaire culturel)》에 들어 있는 'bourse'의 정의, Le Robert, 2005, t. 1, p. 1056.

†† Paris, Tallandier, 2004.

의 에스파냐 인류학자 바르톨로메 클라베르의 저작으로 1991년 밀라노에서 출간되었다. 1996년 파리에서 프랑스어로 번역되어 나온 책의 서문을 내가 썼다.† 클라베로의 연구는 16~18세기에 관련돼 있지만 거기에 실린 중요한 서문에서 중세를 중점적으로 다루었으며 그 성찰의 출발점은 중세의 고리대금이었다. 클라베로는 중세의 고리대금 그리고 정신적인 차원에서 고리대금이 놓인 상황과 실제 사례를 연구하는 모든 역사학자들이 잘못된 길에 뛰어들었다고 생각했다. 그들은 동시대의 세계, 그 세계의 갖가지 현상, 견해, 어휘에서 출발해 그것들을 중세로 옮겨놓았던 것이다. 그것들이 알려져 있지 않았고 가동되지 않았으며 아무것도 설명해주지 않은 중세로 말이다. 그들은 시대 고증의 오류에 의해, 특히 자본주의의 마력에 의해 의식이 혼미해졌다. 자본주의는 경제에 관한 사고와 행위의 필연적인 도착점이었으며, 그것이 자석이 되어 우리가 말하는 경제에 대한 중세의 태도를 끌어당겼다. 클라베로가 의지했던 몇몇 경제학자들은 다음과 같다. 우선 고유한 태도를 지닌 나를 비롯해 폴라니, 베르나르 그뢰튀상(Bernard Groethuysen), E. P. 톰슨이며, 부분적으로는 막스 베버에 기댔다. 클라베로는 중세에 경제가 존재하지 않았다고 생각했다. 하지만 사회질서를 위해 법이 첫 번째 서열에 있었던 것도 아니라고 생각했다. 법 앞에 자비, 우정, 다시 말해 '서로간의 온정' 그리고 정의가 있었다. 하지만 자비가 정의를 앞섰다. 봉건사회에서 이익의 개념은 우선 교회법에 의거했으며 이후에는 은행에 관련된

† 그 책의 에스파냐어 판 제목은 *Antidora. Antropologia católica de la economia moderna*, 프랑스어 판 제목은 *La Grâce du don. Antropologie catholique de l'économie moderne* (Albin Michel, collection 'L'Evolution de l'humanité')이다.

용어가 되었다. 하지만 중세에 은행은 클라베로에 따르면 '어떤 경계 행위'에 불과했다. 그리스어로 이익을 표현하는 용어 '안티도라(antidora)'는 '역급여'를 의미하는데, 성경에서 유래한 이 말은 인간 사회와 신의 관계를 정의했다. 클라베로는 "경제는 존재하지 않았다"고 말했다. 그러고 나서 "일종의 자비의 경제만 존재했다"라고 수정했다. 이러한 체제에서는 파산만이 오늘날의 사건과 비교될 수 있다. 사실상 중세에 은행이라고 불린 대부분의 기관은 파산을 했다. 화폐, 아니 오히려 여러 주화에 대해 말하자면, "정금이 자비를 표현한 것이라고 볼 수 있는 재산 전달에 이용되었다". 나는 클라베로의 연구에서 흥미로운 것은, 역사학자들을 포함한 우리 동시대인들의 이론의 한계라고 생각한다. 그들은 과거의 사람들을 우리와 다른 사람들로 인정할 수 없었다. 중세 화폐에 대한 연구에서 발견되는 중요한 교훈은 사료 편찬에서 시대 고증의 오류가 수행하는 해로운 역할이다.

한 동시대 경제학자의 연구에서 내 생각의 핵심을 다시 찾아내서 기뻤다. 그 경제학자는 "중세는 자본주의가 태동한 시대일 수 없을 것이다"는 점을 논증하려 했으며 이렇게 덧붙였다. "1609년에 비로소 네덜란드에서 스테빈이 대차대조표 작성을 요구했다. 스테빈은 경제학자로서는 처음으로 이러한 유형의 합리화에 관심을 가졌다."†

† 나는 최근에 출간된 《세계경제사(L' Histoire économique globale)》에서 필리프 노렐은 16세기 잉글랜드에서 농업 자본주의 양상을 띤 초기 형태의 자본주의를 알아볼 수 있다고 생각했다는 점을 상기시키고자 한다. 이미 나는 자본주의를 정의하기 위해 그 책을 이용했다. 산업화의 토대가 되었을 그러한 농업 자본주의는 18세기에 개화한다. 18세기에는 마르크스가 말한 "원시적 자본 축적"이 나타나기 시작한다.

결론

칼 폴라니에 따르면 서구사회의 경제는 18세기까지 특이성이 없었다. 폴라니는 그 경제가 그가 말한 사회관계의 미로 속에 깊숙이 박혀 있다고 생각했다.† 나는 이 말이 중세에 대한 여러 견해에 적용된다고 생각한다. 그러한 견해는 아리스토텔레스에게서 물려받은 가계(家計)의 의미는 별도로 하고 경제 개념으로 대체되지 않았다. 나는 여기서 화폐 역시 마찬가지라는 것을 보여주려고 애썼다. 이 책에서 사용된 의미를 지녔고 귀금속을 지칭하지 않는 화폐는 정의하기가 어렵다. 적절하게도 알베르 리고디에르는 화폐를 정의하려는 이에게 화폐 개념은 언제나 빠져나가버린다고 말했다. 주요 사전들은 이렇게 정확히 정의를 내리기 어려운 사정을 다음과 같이 입증해준다. "모든 종류의 통화 그리고 넓은 뜻으로 이러한 통화를 나타내는 것, 그러니까 자본, 기금, 재산, 정

† K. Polanyi et C. Arenberg, *Trade and Market in The Early Empires*. 프랑스어로 번역된 책은 *Les Systèmes économiques dans l'histoire et dans la théorie* (Paris, 1975, p. 100~201)이다.

금, 금전, 수입, 재원, 부는 물론이고 돈을 뜻하는 수많은 구어들이다(Le Petit Robert, 2003년 판)."

이러한 중세 화폐 개념의 부재는 특유한 경제 분야뿐만 아니라 경제에 관련된 주장이나 이론의 부재와도 관련이 있음에 틀림없다. 경제에 관한 사유를 스콜라 신학자들이나 탁발수도회, 특히 프란체스코 회에 떠넘긴 역사학자들은 시대 고증의 오류를 범했다. 일반적으로 중세인들의 생활 방식을 두고 우리는 그들을 이방인으로 여겼으며, 결국 오늘날 역사학자들은 인류학에 기댈 수밖에 없었다. 이러한 중세의 '이국정서'는 특별히 화폐의 영역에서 확인된다. 오늘날 우리는 그에 대한 일반적인 생각 대신 중세 주화의 실제 상황을 고려해야 한다. 중세에는 다양한 주화를 많이 만들었으며 주화의 사용량과 유통량이 크게 증가했다. 우리는 14세기 이전 수치 자료가 많지 않아 실태를 가늠하기가 쉽지 않았다. 그리고 어떤 자료가 가리키는 화폐가 금속 화폐인지 명목화폐인지 정확히 알지 못했다.

마르크 블로크가 말한 제2기 봉건시대에, 특히 12세기부터 화폐는 비상하여 봉건제의 각종 기구와 실무에도 파고들었다. 역사적으로 화폐와 봉건제는 서로 대립하지 않았다. 중세에 화폐의 발전은 전체 사회생활을 변화시켰다. 도시에 연결돼 있었던 화폐는 시골에서도 도시 못지않게 널리 유통되었다. 화폐는 비약적으로 발전한 상업의 혜택을 누렸으며, 이 과정에서 이탈리아인들이 위세를 떨쳤다. 화폐 사용의 확대는 제후와 왕의 행정체제 구성과도 관련돼 있었다. 행정체제에는 수입이 필요했고 이로써 세금을 내는 제도가 마련되었으며, 결국 성공적으로 세제를 구축하게 되었다. 중세에 다양한 주화의 형태로 화폐가 더 많이 모습을 드러내긴 했지만, 14세기부터 (그리고 제한된 방식으로 뒤늦게) 비로소 이러한 주화 대신 다른 교환 및 지불 수단이 이용되었다. 이를테면 어음이나 연금을 들 수 있다. 중세 말에 그러한 관행이 감소한 듯하지만, 사람들은 주괴뿐만 아니라 특히 보물과 금은 세공품의 형태로 다양하게 재산을 쌓아두었다.

상인이 사회 지위 및 영성의 차원에서 어느 정도 격상되었듯이 화폐를 다루는 일도 교회의 생각과 관행의 변화로 분명 덕을 보았다. 교회는 중세인들이 돈주머니와 생명을 동시에 보전하는 것을 도우려 한 듯하다. 다시 말해 지상에서 부를 늘리는 것과 영원한 구원 말이다. 심지어 이렇다 할 견해가 없는 상태에서도 경제 같은 분야가 성직자들과 속인들이 가지고 있던, 아니 오히려 가지고 있지 않았던 의식의 영역 밖에 존재했기 때문에, 나는 거듭 말하거니와 중세의 화폐 사용을 증여경제에 포함하려 한다. 화폐는 인간들이 일반적으로 신의 은혜에 따르는 일에 관여했다. 이 점에 대해 말하자면 나는 두 가지 견해가 중세에 지상의 행위에 포함된 화폐 사용을 지배했다고 생각한다. 특히 정당한 가격론에서 찾아볼 수 있는 정의의 추구, 그리고 '카리타스'로 표현되는 영적인 요구를 말한다.

틀림없이 중세에 교회는 화폐를 다루는 사람들을 어떤 조건 아래서 복권시켰다. 그리고 14세기 말과 15세기에 초기 인문주의자들이라는 제한된 엘리트 계층에서 부, 특히 많은 현금 자산이 명예를 회복하게 되었다. 화폐는 끊임없이 저주받고 사악한 물건이 되었고, 긴 중세 내내 의구심의 대상으로 남아 있었다. 끝으로 나는 저명한 역사학자들처럼 이렇게 명시해야겠다. 자본주의는 중세에 탄생하지 않았으며 심지어 중세는 전자본주의 시대가 아니었다고 말이다. 귀금속 부족, 시장의 세분화에 의해 그런 조건들이 갖추어지지 못했던 것이다. 16~18세기에 비로소 '대혁명'이 일어난다. 파올로 프로디†는 그러한 혁명의 시대를 중세로 설정했는데 이는 옳지 않다. 중세에는 경제 권력과 마찬가지로 화폐가 기독교의 가치 체계 및 기독교 사회 체제에서 벗어나지 못했다. 중세의 창의성은 다른 곳에 있다.

† P. Prodi, *Settimo non rubare. Furto e mercato nella storia dell'Occidente*, Bologne, 2009.

참고문헌

다음은 이 평론을 완성하기 위해 주에서 인용한 저서 이외에 직접 참조한 책들이다.

W. Abel, *Massenarmut und Hungerkrisen im vorindustriellen Deutschland*, Göttingen, 1972.

O. Angholm, *Economics in the Medieval Schools: Wealth, Exchange, Value, Money and Usury According to the Paris Theological Tradition 1200-1350*, Leyde, 1992.

Archéologie des villages désertés: Dracy, Paris, 1970.

L'Argent au Moyen Age, colloque de 1997, Publications de la Sorbonne, Paris, 1998.

M.-C. Bailly-Maître, *L'Argent. Du minerai au pouvoir dans la France médiévale*, Paris, 2002.

J. Baschet, *La Civilisation féodle. De l'an mil à la colonisation de l'Amérique*, Paris, 2004.

J. Belaubre, B. Collin, *Les Monnaies de France. Histoire d'un peuple*, Paris, 1992.

J. Bériou, "L'esprit de lucre entre vice et vertu: variations sur l'amour de l'argent dans la prédication du XIIIe siècle", dans *L'Argent au Moyen Age*, Publications de la Sorbonne, Paris, 1998, p. 267-287.

N. Bériou et J. Chiffoleau, *Economie et religion. L'expérience des ordres mondiants (XIIIe-XVe siècles)*, Lyon, 2009.

J. Bernardo, *Poder e Dinheiro. Do Poder Pessoal ao Estado Impessoal no Regime Senhorial. Seculos V-XV*, 3 volumes, 1995-2002.

W. Beveridge, *Prices and Wages in England from the Twelth to the Nineteenth Century*, Londres, 1939.

T. M. Bisson, *Conservation Coinage: Monetary Exploitation and its Restraint in France, Catalonia and Aragon (c.A.D. 1000-c. 1225)*, Oxford, 1979.

M. Bloch, "Economie-nature ou économie-argent, un faux dilemme", *Annales d'histoire sociale*, 1939, t. 1. p. 7-19.

_____, *Esquisse d'une histoire monétaire de l'Europe*, Paris, 1954.

_____, "Le problème de l'or au Moyen Age", *Annales d'histoire économique et sociale*, 5, 1933, p. 1-34.

M. Bompaire et F. Dumas, *Numismatique médiévale*, Turnhout, 2000.

R. Bordone et F. Spinelli (dir.), *Lombardi in Europa nel Medioevo*, Milan, 2005.

G. Boschieri et B. Molina, *Politiche del credito. Investimento, consumo, solidarietá*, Asti, 2004.

A. Boureau et S. Piron (dir.), *Pierre de Jean Olivi, pensée scolastique, dissidence spirituelle et société*, Paris, 2000.

M. Bourin et P. Martinez Sopena (dir.), *Pour une anthropologie du prélèvement seigneurial dans les campagnes de l'Occident médiéval. Les mots, les temps, les lieux*, Paris, 2007.

F. Braudel, *Civilisation matérielle et capitalisme (XVe-XVIIIe siècle)*, Paris, 1979.

Ph. Braunstein, *Travail et entreprise au Moyen Age*, Bruxelles, 2003.

E. Bridrey, *La Théorie de la monnaie au XIVe siècle, Nicolas Oresme*, Caen, 1906.

R. H. Britnell, *The Commercialisation of Englidh Society (1000-1500)*, Cambridge, 1993.

E. Brown, *Customary Aids and Royal Finance in Capetian France. The Marriage Aid of Philip the Fair*, Cambridge (Mass.), 1992.

J. Chiffoleau, *La Comptabilité de l'au-delà. Les hommes, la mort et la religion dans la région d'Avignon á la fin du Moyen Age (vers 1320-vers 1480)*, Ecole française de Rome, 1980.

C. M. Cipolla, Money, *Prices and Civilization in the Mediterranean World. Fifth to*

Seventeenth Centuries, Princeton, 1956.

J. Claustre (dir.), *La Dette et le Juge. Juridiction gracieuse et juridiction contentieuse du XIIIe au XVe siècle*, Paris, 2002.

B. Clavero, *Antidora. Antropologia católica de la economia moderna*, Milan, 1991, traduction française: *La Grâce du don. Anthropologie catholique de l'économie moderne*, Paris, 1996.

P. Contamine, M. Bompaire, S. Lebecq et J.-L. Sarrazin, *L'Economie médiévale*, Paris, troisième édition 2003.

The Dawn of Modern Banking, Center for Medieval and Renaissance Studies, New Haven et Londres, 1979.

J. Day, *Etudes d'histoire monétaire*, Lille, 1986.

_____, "The Great Bullion Famine of the Fifteenth Century", *Past and Present* 79, mai 1978.

_____, *Monnaies et marchés au Moyen Age*, Paris, 1994.

B. Del Bo, "Elite bancaria a Milano a metà Quattrocento: prime note", dans *Quaderni/Cahiers del Centro di studi sui Lombardi, sul credito e sulla banca*, 1, 2007, p. 173.

J. Demade, *Ponction féodale et société rurale en Allemagne du Sud (XIe-XVIe siècle). Essai sur la fonction des transactions monétaires dans les éonomies non capitalistes*, thèse de l'université Marc-Bloch (Strasbourg II), 2004.

R. De Roover, *Money, Banking and Credit in Mediaeval Bruges*, Cambridge (Mass.), 1948.

_____, *L'Evolution de la lettre de change*, Paris, 1953.

_____, *The Rise and Decline of the Medici Bank (1397-1494)*, Cambridge (Mass.), 1963.

J. Duplessy, "La circulation des monnaies arabes en Europe occidentale du VIIIe au XIIIe siècle", *Revue numismatique* 18 (1956), p. 101-164.

J. Favier, *Les Finances pontificales à l'époque du grand schisme d'Occident, 1378-1409*, Paris, 1966.

_____, *De l'or et des épices. Naissance de l'homme d'affaires au Moyen Age*, Paris, 1987.

L. Feller, C. Wickham (dir.), *Le Marché deh la terre au Moyen Age*, Ecole française de Rome, 2005.

R. Fossier, *Histoire sociale de l'Occident médiéval*, Paris, 1970.

_____, *La Société médiévale*, Paris, 1991.

_____, *La Terre et les hommes en Picardie jusqu'à la fin du XIIIe siècle*, Paris-Louvain, 1968.

G. Fourquin, *Histoire économique de l'Occident médiéval*, Paris, 1969.

C. Frugoni, *L'Affare migliore di Enrico: Giotto e la cappella Scrovagni*, Turin, 2008.

B. Geremek, *Le Salariat dans l'artisanat parisien aux XIIe-XVe siècles*, Paris, 1969.

F. Graus, "La crise monétaire du XIVe siècle", *Revue belge de philologie et d'histoire*, 29, 1951, p. 445-454.

P. Grierson, *Monnaies du Moyen Age*, Fribourg, 1976.

A. Guerreau, "Avant le marché, les marchés: en Europe, XIIIe-XVIIIe siècles, notes critiques", *Annales ESC*, 2001, p. 1129-1175.

A. Guerreau-Jalabert, "*Caritas* y don en la sociedad medieval occidental", *Hispania. Revista Espanola de Historia*, 60/1/204, 2000. p. 27-62.

_____, "*Spiritus* et *caritas*. Le baptême dans la société médiévale", dans F. Héritier-Augé, E. Copet-Rougier (dir.), *La Parenté spirituelle*, Paris, 1995, p. 133-203.

J. Ibanès, *La Doctrine de l'Eglise et les réalités économiques au XIIIe siècle*, Paris, 1967.

J. S. Jensen (éd.), *Coinage and Monetary Circulation in the Baltic area*, Copenhague, 1981.

F. C. Lane, R. Müller, *Money and Banking in Medieval and Renaissance Venice*, I, Baltimore, 1985.

C. de La Roncière, *Un changeur florentin du Trecento: Lippo di Fede del Sega (vers 1285-vers 1363)*, Paris, 1973.

_____, *Prix et salaires à Florence au XIVe siècle 1280-1380*, Rome, 1982.

J. Le Goff, *La Borse et la Vie. Economie et religion au Moyen Age*, Paris, 1986.

_____, *Marchands et banquiers du Moyen Age*, Paris, 1956.

L. K. Little, Religious Poverty and the Profit Economy in Medieval Europe, Londres, 1978.

M. Lombard, "Les bases monétaires d'une suprématie économique: l'or musulman du VIIe au XIe siècle", *Annales* ESC, 1947, p. 143-160.

R. S. Lopez, "Settecento anni fà: il ritorno all'oro nell'Occidente duecentesco", *Rivista storica italiana*, 65, 1952, p. 19-55 et 161-198.

F. Lot, R. Fawtier, *Le Premier Budget de la monarchie française. Le compte général de 1202-1203*, Paris, 1932.

F. Melis, *Storia della ragioneria*, Bologne, 1950.

H. A. Miskimin, *Money Prices and Foreign Exchange in Fourteenth Century France*, Newhaven, 1963.

H. Miyamatsu, *La Naissance du riche*, Mercuès, 2006.

M. Mollat, *Les Pauvres au Moyen Age*, Paris, 1978.

_____, "Usure et hérésie: les 'Cahorsins' chez eux", dans *Studi in memoria di Federico Melis*, Naples, 1978, vol. 1, p. 269-278.

A. Murray, *Reason and Society in the Middle Age*, Oxford, 1978.

G. Nahon, "Le crédit et les Juifs dans la France du XIIIe siècle", *Annales* ESC, 1969, p. 1121-1144.

P. Norel, *L'Histoire économique globale*, Paris, 2009.

_____, *L'Invention du marché. Une histoire économique de la mondialisation*, Paris, 2004.

L'Or au Moyen Age, colloque du CUER-MA, Marseille, 1983.

N. Oresme, *De moneta*, traduit en anglais du latin par Ch. Johnson, Londres, 1956.

Y. Otaka, "La valeur monétaire d'après les œuvres arthuriennes", dans *Temps et histoire dans le roman arthurien*, études recueillies par J.-C. Faucon, Toulouse, 1999.

K. Polanyi et C. Arenberg, *Trade and Market in the Early Empires*, traduction française: *Les Systèmes économiques dans l'histoire et dans la théorie*, Paris, 1975.

M. M. Postan (éd.), *The Cambridge Economic History of Europe, vol.* II, *Trade and Industry in the Middle Ages*, 1952; vol. III, *Economic Organization and Policies in the Middle Ages*, 1963.

_____, "The Rise of a Money Economy", *The Economic History Review* 17 (1944),

p. 123-134.

Y. Renouard, *Les Hommes d'affaires italiens du Moyen Age*, Paris, 1949.

_____, *Les Relations des papes d'Avignon et des compagnies commerciales et bancaires de 1316 à 1378*, Paris, 1941.

M. Rey, *Les Finances royales sous Charles VI. Les causes du déficit*, Paris, 1965.

A. Sapori, Le Marchand italien au Moyen Age, Paris, 1952.

J.-C. Schmitt, "L'Eglise médiévale et l'argent", *Journal des Caisses d'épargne*, 3, mai-juin 1986.

P. Spufford, *Money and its Use in Medieval Europe*, Cambridge, 1988.

S. Suchodolski, "Les débuts du monnayage en Pologne", dns *Revue suisse de numismatique*, vol. 51, 1972, p. 131-135.

M. J. Tits-Dieuaide, *La Formation des prix céréaliers en Brabant et en Flandre au XVe siècle*, Bruxelles, 1975.

G. Todeschini, *I Mercanti et il Tempio. La società cristiana e il circolo virtuoso della ricchezza fra Medioevo e età moderno*, Bologne, 2002.

_____, *Richesse franciscaine. De la pauvreté volontaire à la société de marché*, Paris, 2008.

A. Vauchez, "*Homo mercator vix aut numquam potest Deo placere:* quelques réflexions sur l'attitude des milieux ecclésiastiques face aux nouvelles formes de l'activité économique au XIIe et au début du XIIIe siècle", dans *Le Marchand au Moyen Age*, SHMES, Paris, 1992, p. 211-217.

I. P. Wei, "Intellectuals and money: Parisian disputations about annuities in the thirteenth century", dans *Bulletin of the John Rylands University Library of Manchester*, volume 83, n° 3, 2001, p. 71-94.

P. Wolff, *Automne du Moyen Age ou printemps des temps nouveaux? L'économie européenne aux XIVe et XVe siècles*, Paris, 1986.

찾아보기